Der Weg zur Glückseligkeit für alle Mitglieder der Familie

Dr. Sevim Asimgil

Der Weg zur Glückseligkeit für alle Mitglieder der Familie

ISBN: 978-605-64812-7-7

ASTEC GMBH

Hattingerstr 71 D-44789 Bochum

Tel. 0234 3250694 Fax 0234 /3250696

e mail : info@astecgmbh.de

www.astecgmbh.de / www.astecgmbh.com

Der Weg zur Glückseligkeit für alle Mitglieder der Familie

Dr. Sevim Asimgil

Übersetzt von Akile Bayraktar

Dr. Sevim Asımgil

Die Autorin verbrachte ihre Kindheit in Europa, beendete in Bursa das Abitur und absolvierte ihr Hochschulstudium an der Istanbul Universität. Sie ist verheiratet und hat einen Sohn und eine Tochter. Dr. Sevim Asımgil schloss ihre Praxis im Jahre 1986 und widmete sich seitdem der Literatur und Konferenzen. Sie studierte Arabistik und Islamwissenschaften von ehrenwerten Gelehrten. Die Autorin, dessen Schriften von Zeit zu Zeit in verschiedenen Zeitungen und Zeitschriften publiziert werden, hält im In-und Ausland Konferenzen ab. Neben ihren Büchern, die auf islamwissenschaftliche Studien gerichtet sind, gibt es auch Romane und Geschichten, die das geschwächte Wertesystem der Gemeinschaft in den Vordergrund stellen.

Der Weg zur Glückseligkeit für Mensch und Familie, Mein muslimisches Kind, Der Weg zum Garten des Herzens: die Tariqah, Die Geschichte der Propheten, Der größte Führer der Menschheitsgeschichte ist der Gesandte Allahs Muhammad sind Bücher, die in Moscheen als Unterrichtsbücher gelehrt wurden.

Inhaltsverzeichnis

Ein Strauss Blumen Für Das Herz

Heutzutage scheint es so, als würde kein spiritueller, barmherziger und brüderlicher Wind über der islamischen Welt wehen. In der muslimischen Gemeinschaft gibt es genug Menschen, die vereinsamen und ungerecht behandelt werden...

Es gibt pessimistische Frauen, Männer, Jugendliche und sogar Kinder, die die Nase voll von dem erdrückenden materialistischen Leben und seinen Streitigkeiten haben, die sich mittlerweile über alle Bereiche des Lebens ausgeweitet haben.

Der Mensch ist verängstigt... Er ist schwach und verwirrt... Der Geschmack vom Brot der Armen und von üppigen Tischen der Reichen ist dahin. Die Zufriedenheit ist in den Tiefen der Habgier verschwunden...

Die Verstände sind starr, die Herzen krank und der Mensch jagt der weltlichen Liebe hinterher...Die Gemeinschaften sind voller gehässigen, neidischen, gierigen, groben Herzen, die keine Recht achten...

Auf der anderen Seite gibt es hilflose Menschen, deren Herzen gebrochen und deren Häupter gebeugt sind...

Der Jugendliche lehnt sich gegen seine Mutter auf, der Vater verrät seine Kinder, der Bruder wendet sich von seinem Bruder ab, der Starke geht mit den Schwachen unbarmherzig um...

Ganz banaler Nutzen zerstört sogar Freundschaften...Der Mensch ist dem Unrecht und der Benommenheit verfallen...

Viele Orte entsprechen einem modernen Beispiel von Pompei: die Unsittlichkeiten...die Ungerechtigkeiten...die Grausamkeit...

Wird eine Reise zum Mond oder ein Heilmittel für Krebs den Menschen in dieser Zeit, die ein kleines aufrichtiges Lächeln und ein nettes und heiteres Gesicht vermissen, aus dieser Misere verhelfen? Oder etwa die von menschlichen Systemen erzogenen Menschen?

Der Mensch ist in seinem Kern schwach erschaffen worden, gleichgültig wie gebildet, tolerant, verständnisvoll und schlau er sein mag.

> ***„Und der Mensch wurde als schwaches (Geschöpf) geschaffen.“*** **(An-Nisa,28)**

Die Geschöpfe sind nicht dazu in der Lage Urteile zu erlassen, die der gesamten Menschheit in jeder Epoche und Zivilisation ein stabiles Leben im Diesseits und die ewige Errettung im Jenseits ermöglichen. Dies gelingt nur dem Herrn der Welten, Allah, der über Raum und Zeit und alles andere herrscht. Die menschliche Persönlichkeit, wie sie der Quran und die Sunnah vorgeben, ist vollkommen und vergleichlos, denn der Islam betrachtet den Menschen und seine Beziehungen nahezu mit riesigen geistigen Teleskopen, Mikroskopen und übermenschlichen Kräften.

Verbringen die Menschen, die in ihren Herzen Iman haben, ihr kurzes irdisches Leben unter dem Schatten des Islam, so werden sie es in Ruhe und Zufriedenheit verbringen...

Von überall werden Gewässer fließen, von den Ästen werden die Nachtigallen singen, vor ihnen werden sich grüne Wälder aus Licht ausweiten...

Von einem Muslim, der die Wahrheit des Islam erreicht hat, kommen vollkommene Eigenschaften und Aufrichtigkeit zum Vorschein...

Ein muslimisches Herz, welches durch religiösen Charakter verschönert wird, gleicht einem Blumengarten. Sind nicht die schönsten Farben, die edelsten Gerüche, die wunderbarsten Arten, die Auge und Seele berühren in diesen Blumengärten?

Das Herz eines Muslims, welches den edlen Charakter verinnerlicht hat, ist eine Quelle des Guten, ein Ort der Liebe und ein Reich der Zufriedenheit.

Da es schier unmöglich ist den ganzen Garten, so wie er wirklich ist, zu beschreiben, haben wir nur einen kleinen Strauß von diesen Schönheiten zusammengebunden. Wir hoffen, dass durch dieses Bukett der Herbst verstanden wird und dass zu jeder Jahreszeit frische Blumen in den Herzen blühen.

Die Mühe ist von uns und der Erfolg durch Allah.

Dr. Sevim ASIMGIL

Einführung

❧

Der Gesandte Allahs sagte:

„Mein Herr erzog mich und veredelte meinen Charakter."

Für die Verbesserung unserer Eigenschaften ist die Erziehung Allahs die

Beste und der schönste Charakter ist der des Islam.

Der Mensch wurde auf die schönste Art und Weise erschaffen

❧

Allah, der Erhabene, lässt uns wissen, dass er den Menschen Ehre erwies und Gutes tat, indem er ihm die schönste Gestalt gab.[1] Der Mensch wurde auserwählt und unterscheidet sich in seiner Art von den anderen Lebewesen.

Die Überlegenheit des Menschen anderen Lebewesen gegenüber zeugt von seinen geistigen Vorzügen.

Die Ehre des Menschen erhält er durch den Geist, den Allah, der Erhabene, ihm gab.

Dieser Geist ist ein Glanz von Allahs Licht und ein Hauch von Seinem Geist.

Der Geist sorgt dafür, dass die menschlichen Emotionen sich weiter entwickeln und Fortschritte machen.

Das Einhauchen des Geistes[2] ist nicht auf den Vater der Menschen Adam beschränkt. Möglicherweise wurde er auch seinen Nachkommen in seiner Person eingehaucht. Allah, der Erhabene, gibt den Menschen auch Eigenschaften wie einen Verstand, Wissen und eine Seele, wie er sie Adam gab und wie er ihn zum Stellvertreter auf Erden machte, so machte er auch die anderen Menschen zu Stellvertretern auf Erden.

---

1 At-Taghabun, 3; At-Tin, 4.

2 Said, 38/71-72.

Der Islam bereitet den Menschen auf das Diesseits und das Jenseits vor

Der Islam, der Befehl von Allah, wird im Diesseits und im Jenseits beneidet und beabsichtigt die Erziehung des Menschen. Den Islam kann man erst durch individuelle, familiäre und gemeinschaftliche Erziehung richtig erlernen und verstehen.

Die islamische Definition von Erziehung ist, dass man die Person soweit bringt, dass sie ihre diesseitigen und jenseitigen Pflichten vorschriftsgemäß erfüllt.[3]

Die Aneignung des islamischen Charakters ist ein absolutes und definitives Problem des Individuum in der gegenwärtigen Gesellschaft, der Familie und der Gemeinschaft. Die heute erreichte Degeneration des Charakters benötigt ein großes Aufrütteln.

Allah, der Erhabene, erzog den Menschen

Der Gesandte Allahs sagte: ***„Mein Herr erzog mich und veredelte meinen Charakter.“***

Für die Verbesserung unserer Eigenschaften ist die Erziehung Allahs die Beste und der schönste Charakter ist der islamische des Islam.

Und darum sollten wir die Regeln des Quran befolgen und der Gesandte Allahs ist dabei unser vollkommenes Vorbild.

Der Islam erzieht den Verstand, den Geist und den Körper des Menschen als Ganzes.

3 M.Fuat, Vazaif-i Aile, S.24.

Erstes Kapitel

Die erhöhende Würde der islamischen Charakternormen eroberte Millionen von Herzen und war die Ursache dafür, dass sie sich in seine Reihen einreihten, denn der Islam befiehlt alle Grundtugenden.

Der edle Charakter ist eine Eigenschaft unseres Propheten.

Er ist die tugendhafteste Tat der Treuen.

Er ist die Frucht des Kampfes der Gottesfürchtigen.

Er ist die Waffe der Gottesdiener.

In Wirklichkeit ist der edle Charakter den Muslimen zu Eigen.

Die Erziehung des Verstandes

Ein unablässiges Bedürfnis des Verstandes und der Intelligenz ist das Wissen. Der Grundstein für den Erfolg ist die Weisheit, die Probe und Anwendung des Wissens.

Allah, der Allwissende, teilt uns den Wert des Wissens und der Wissenden mit:

Sind etwa diejenigen, die wissen, gleich denjenigen, die nicht wissen? (Az-Zumar,9)

In der ganzen Menschheitsgeschichte gibt es keine andere Religion oder kein anderes System, welches dem Wissen eine tiefe Bedeutung einräumt, wie der Islam.

Der Gesandte Allahs sagte:

„Das Wissen ist Pflicht für jeden Muslim und jede Muslima."

Gleichgültig in welcher Situation man sich befindet, es ist eine Pflicht für jeden Muslim das Wissen zu erlernen, was man in jeglicher Situation in der man sich befindet, benötigt.

Der Islam hat eine positive Haltung zu dem Wissen und sieht es als grundlegend für die menschliche Persönlichkeit. Der Islam ist eine Religion des Wissens. Nach der Auffassung des Islam ist ein Mensch mit Verstand derjenige, der sein Leben lebt, indem er sich auf das Jenseits vorbereitet.

Das Buch Allahs wurde auf Arabisch offenbart. Um den Islam richtig erlernen zu können, muss man einen Blick in klassische Bücher werfen. Und dies geht nur durch die Erlernung der arabischen Sprache.

Und darum sollte sich jeder Muslim vornehmen nach seiner Muttersprache arabisch zu lernen.

„Das Wissen ist ein Anzeichen des Erlaubten und Verbotenen und das Licht für den Weg der Paradiesbewohner. Es ist ein guter Freund für den Einsamen. Ein Weggefährte in der Ferne und ein sprechender Kollege in Einsamkeit.

Es ist eine Waffe gegen den Feind. Bei Freunden ist es Schmuck. Allah erhöht manche Gemeinschaften durch Wissen und gibt ihnen die Führung bei der Wegweisung des Guten; Er gibt ihnen die Führung, indem ihre Werke und die Taten dieser Gemeinschaften befolgt werden. Die Thematiken werden nach ihren Ansichten beschlossen. Das Wissen ist Leben, welches die Herzen aus der Unwissenheit rettet. Es ist das Licht der Augen im Dunkeln. Der Diener erreicht durch das Wissen die Stufen der Guten und hohe Stufen im Diesseits und Jenseits.

Über wissenschaftliche Themen nachzudenken ist so wie Fasten. Unterrichte zu veranstalten ist so wie das Gebet. Der Besuch und das Zusammenwachsen der Familie werden durch Wissen verwirklicht. Das Erlaubte und das Verbotene kann man nur durch das Wissen erlernen. Das Wissen kommt vor den Taten; Die Taten folgen ihm.“[4]

Die Tugendhaftigkeit sich Wissen anzueignen

Im Quran heißt es:

Und sag: Mein Herr! Lasse mir noch mehr Wissen zuteilwerden! (At-Taha,114)

4 Tarikat-i Muhammediye, S.81-82.

Kathir Bin Qays erzählte:

„Als Abu Darda von den Ashab sich in Sham aufhielt, kam ein Mann aus Madina zu ihm. Abu Darda fragte ihn:

„Was ist der Grund dafür, dass Du hier bist?"

Der Mann antwortete:

„Ich hörte, dass Sie eine Aussage des Gesandten Allahs überliefern, darum bin ich hier."

Abu Darda: „Bist Du aus keinem anderen Grund hier?"

Der Mann: „Nein."

Abu Darda: „Nicht, dass Du für den Handel hier bist?"

Der Mann: „Nein."

Abu Darda: „Also bist Du nur um der Aussage willen hier?"

Der Mann: „ Ja."

Abu Darda: „Ich hörte den Gesandten Allahs ohne Zweifel sagen.":

„Wer sich auf den Weg macht um Wissen anzustreben, den nimmt Allah auf den Weg des Paradieses."

„Die Vorzüge des Gelehrten gegenüber dem Gottesdiener, ist wie die Vorzüglichkeit des Mondes gegenüber den anderen Sternen. Ohne Zweifel die Gelehrten sind die Erben der Propheten. Die Propheten hinterließen kein Gold und Silber. Sie hinterließen das Wissen. Wer sich etwas vom Wissen aneignet, dem ist Großes zuteil geworden."[5]

Ibn Abbas sagte:

„Ich habe während des Lernens viele Schwierigkeiten gemeistert, aber nachdem ich das Wissen erlangt habe, wurde ich teuer/beliebt/begehrt."

In einer Aussage des Gesandten Allahs heißt es:

5 Tarikat-i Muhammediye, S.76.

„Sei entweder Gelehrter, Schüler oder Zuhörer. Sei nicht von der vierten Gruppe, sonst wirst du vernichtet/es bedeutet dein Ende."

Die Tugendhaftigkeit Wissen weiter zugeben

Im Quran heißt es:

Er gewährt Wissen und Weisheit, wem er will. Und wem Weisheit gewährt wird, diesem wurde bereits viel Gutes gewährt. Doch nicht erinnern lassen sich außer diejenigen mit Verstand. (Al-Baqara,269)

Allah hat deutlich gemacht, dass es ohne Zweifel keine Gottheit außer ihm gibt - (dies bezeugen) ebenfalls die Engel und die Wissenden - und dass er mit Gerechtigkeit waltet. (Ali-Imran,18)

„Betrachtet man diesen Vers genau, dann sieht man, dass Allah, der Erhabene, in dem zweiten Vers mit seinem Wesen anfängt und seine Einzigkeit beschwört. Als zweites nimmt er die Engel und als drittes die Gelehrten zu Zeugen. Und das ist ein großer Beweis für die Vorrangigkeit des Wissens und der Wissenden."

„Dass der Gläubige/Muslim ein gutes Wort hört, einem anderen lehrt und es praktiziert, ist besser als ein Jahr freiwillige Gottesdienste zu verrichten."[6]

„Die Gelehrten sind barmherziger als die Mütter und Väter der Gemeinschaft."

Yahya bin Muadh sagte über die Bedeutung dieser Barmherzigkeit:

---

6 Ihya-yi Ulum-id Din, Bd.1, S.112.

„Denn die Mütter und Väter wollen ihre Kinder nur im Diesseits vor einer Katastrophe bewahren. Die Gelehrten jedoch bewahren die Gemeinschaft Muhammads auch vor der schrecklichen Strafe im Jenseits."

Derjenige, der den guten Weg weist, erhält dieselbe Belohnung, als wenn er diese guten Taten selber praktiziert hätte.

Das Wissen hat einen Wert, der darin liegt, es es denen beizubringen, die seine Bedeutsamkeit schätzen und nicht verlernen.[7]

Die Erziehung des Geistes

Im Quran heißt es sinngemäß:

Und nachdem Ich ihn vollendet und in ihm eine Seele von Mir eingehaucht habe...(Al-Hijr, 29)

Unsere Seele kommt von Allah, dem Erhabenen. Das Seelenheil ist sehr wichtig für uns. Wenn unser Leben endet, so stirbt nur unser Körper. Unsere Seele lebt auf keinen Fall ab. Unser Seelenleben ist ohne Begrenzung ewig. Das wahre Leben fängt am gebührenden Platz im Jenseits an, nachdem unsere irdische Existenz beendet ist.

Der Gesandte Allahs lässt uns wissen, wo unsere Seele bis zum Tage der Auferstehung verweilen wird:

„Das Grab wird für die Seele des Toten entweder zu einem Garten der Paradiesgärten oder zu einer Höhle der Höllenhöhlen."[8]

Nachdem die Seelen am Tag der Auferstehung ihre Körper finden und wieder auferstehen, werden sie vor Allah, dem

7 Ihya-yi Ulum-id Din, Bd.1, S.106-116.
8 Tirmizi, Kiyamet, 26.

Erhabenen, Rechenschaft ablegen. Danach werden die Guten ins Paradies und die Schlechten in die Hölle eintreten.

Die Seele bringt das Herz in Bewegung. Durch das Gehirn und die Nerven kurbelt er den Körper an und gewährt innerliche und äußerliche Gefühle.

In Wirklichkeit sieht, hört, schmeckt, riecht und fühlt die Seele, was weich oder hart, was kalt oder warm ist. Die Menschen und Tiere haben die gleichen äußerlichen Gefühle/Sinnes-organe.

Bei manchen Tieren sind diese Gefühle sogar noch stärker als bei den Menschen.

Die innerlichen Gefühle sind bei den Tieren jedoch beschränkt und bei den Menschen unbegrenzt. Die Tiere verbringen ihr Leben in dem Zustand, indem sie erschaffen wurden, und sterben. Würden sie wie die Menschen denken können, wäre diese Erde für den Menschen ein unbewohnbarer Ort.

Es ist die Seele, die den Menschen erhöht, erniedrigt, ihm einen höheren Stellenwert gibt als den Engeln oder einen niedrigeren als den Tieren, ihn entweder zum Gläubigen oder zum Nichtmuslim, zum Gerechten oder Tyrann, zum Guten oder Schlechten macht.

Das Seelenheil erreicht man durch vier Dinge

1- Durch einen starken Glauben/Iman,

2- Indem die Seele durch Gottesdienste ernährt wird und sich einer disziplinierten Erziehung unterzieht,

3- Durch die Beseitigung schlechter Charaktereigenschaften,

4- Indem man sich auf dem Weg der Gottesfurcht bewegt.

Auch regelmäßige Besuche von Versammlungen, die Allah gedenken und in welchen über den Islam und seine Vorzüge geredet wird, säubern die Seele. Das Herz wird dadurch reiner. So umfasst die Glaubensliebe den Menschen.

Die Erziehung des Körpers

Die Gesundheit ist die erste Bedingung um die diesseitigen und jenseitigen Pflichten zu erfüllen. Aus diesem Grund hat die körperliche Erziehung einen wichtigen Stellenwert im Islam. Der Gesandte Allahs sagte:

„Ein gesunder und starker Gläubiger ist Allah lieber als ein schwacher Gläubiger.“[9]

Der Gesandte Allahs stellt klar, dass das Wertvollste nach einem starken unerschütterlichen Glauben, die Gesundheit ist.

Man sollte Allah um Vergebung und Wohlergehen bitten, denn niemandem wurde nach einem standfesten Glauben besseres als das Wohlergehen gegeben.[10] (7)

Die Gesundheit bewahrt man durch:

1. **Ernährung,**
2. **Schlafen,**
3. **Sauberkeit,**
4. **Aussehen,**
5. **Bewegungen, die der Gesundheit dienen,**
6. **Schutz vor gesundheitsschädlichen Dingen,**
7. **Behandlung im Krankheitsfall.**

All diese Punkte sind nicht nur für die Bewältigung der individuellen Aufgaben wichtig und erforderlich, sondern auch für die Erledigung der gemeinschaftlichen Aufgaben.

Sind in einer Gemeinschaft viele Kranke und schwache Individuen vorhanden, so sind die soziale Entwicklung, der Wirtschaftswachstum und die Stärke gegenüber den feindlichen Mächten in Gefahr.

---

9 Aile Egitimi, 1-336.

10 Hz. Muhammed'in Sünnetinde Terbiye, S.235.

Die Ernährung

Jedes Lebewesen muss sich ernähren um zu überleben. Über,- Unter,- oder unausgewogene fehlerhafte Ernährung ist eine Ursache für verschiedene negative Auswirkungen. Das Ziel der Nahrungsaufnahme sollte nicht sein, dass man den Magen füllt, sondern sich zu ernähren. Man sollte beim Speisen die Absicht haben, Kraft für Gottesdienste zu tanken. Der Muslim wurde davor gewarnt, seinen Magen übermäßig zu füllen. In einem von Imam Tirmidhi überlieferten Hadith heißt es:

„Der Menschensohn kann keinen schlimmeren Behälter als den Magen füllen. Es reichen zwei Happen, damit der Menschensohn auf seinen Beinen bleiben kann, möchte er jedoch mehr Essen, so soll er ein Drittel seines Magens mit Essen, ein Drittel mit Wasser füllen, und ein Drittel soll er freilassen um zu Atmen."

Unser Prophet gab uns bezüglich des Essens mehrere Ratschläge:

„Hütet euch davor viel zu essen. Ohne Zweifel wird der Diener nicht vernichtet, solange er seine Gelüste nicht dem Jenseits vorzieht. Gottesdienst bedeutet wenig zu essen."

Ibnul Abu Dunya überliefert von 'Aisha:

„Die erste Erneuerung dieser Ummah nach dem Ableben des Propheten ist es dauernd satt zu sein, denn durch die übermäßige Sättigung wird der Körper fett, das Herz wird schwächer und die Gelüste gewinnen die Oberhand."

„Der Kafir isst sieben Mal mehr als der Muslim." §

„Das gesündeste Essen ist das kalte und süße."

„Isst das Essen nicht zu heiß, denn dies vermindert die Segensfülle des Essens! Ich rate euch das kalte Essen, denn es zu essen ist gesünder und segensreicher."

„Spült euren Mund direkt nach dem Essen.“

Dies ist gesund für die Zähne.

„Lasst nicht vom Abendessen ab, auch wenn es eine Dattel ist. Das Auslassen des Abendessens lässt den Menschen schnell altern.“

„Das Essen sollte durch das Gebet und Gottesgedenken verdaut werden. Nach dem Essen soll man nicht schlafen, sonst werden die Herzen erbarmungslos.“

„Ein Muslim isst von den Speisen, die Allah, der Erhabene, erlaubt hat, denn in den verbotenen Speisen ist keine Heilung verborgen.“

- قَالَ الْعُلَمَاء : وَمَقْصُود الْحَدِيث التَّقَلُّل مِنْ الدُّنْيَا ، وَالْحَثّ عَلَى الزُّهْد فِيهَا ، وَالْقَنَاعَة . مَعَ أَنَّ قِلَّة الْأَكْل مِنْ مَحَاسِن أَخْلَاق الرَّجُل ، وَكَثْرَة الْأَكْل بِضِدِّهِ

Beim Essen und Trinken darf man nicht verschwenderisch sein

Im Quran heißt es:

...esst und trinkt, doch seid nicht verschwenderisch! Gewiss, Er liebt nicht die Verschwender. (Al-A'raf,31)

Ein Muslim nimmt sich diesen Vers in Bezug auf Essen und Trinken als Wegweiser. Auch beim Essen und Trinken soll man gemäßigt sein.

Man muss sich vor dem verbotenen Alkohol hüten, denn er ist der Schlüssel von allem Bösen.

Der Alkohol ist Unheil und kein Heilmittel.

Der Gesandte Allahs mochte unter den Getränken am meisten die Milch und unter den Säften am meisten den Honigsaft.

Der Schlaf

Jedes Lebewesen hat das Bedürfnis sich auszuruhen. Sogar Bäume und Pflanzen geben ihre Früchte und Blüten in bestimmten Monaten ab. In den anderen Monaten ruhen sie sich aus. Ebenso ruhen sich Menschen und Tieren aus. Mehr ausruhen als nötig ist Faulenzerei und zu wenig ist unzureichend.

Der Körper, der sich im Wachzustand bewegt, arbeitet und müde wird, erholt sich im Schlaf. Die verschlissenen Stellen des Körpers werden regeneriert. Die im Wachzustand gestorbenen Zellen werden durch neue ersetzt. Allah erschafft den Schlaf.

Die Länge des Schlafes ist unbedeutend, wichtig ist, dass er erholsam ist.

Im Quran heißt es:

Auch machten Wir euren Schlaf als Ausruhendes. (An-Naba',9)

Man soll früh schlafen gehen. Der Gesandte Allahs sagte über den Schlaf:

„Nach dem Nachtgebet gibt es keine Rede und Unterhaltung."

Der Gesandte Allahs sprach Bittgebete für diejenigen, die morgens früh aufstehen:

„Oh Allah! Segne die Zeit und den Lohn derer, die morgens früh aufstehen und früh mit ihrer Arbeit beginnen!"

Die Muslime stehen schon vor der Morgendämmerung auf, um zu beten. In einer Überlieferung heißt es, dass demjenigen seine Sünden vergeben werden, auch wenn sie so viel sind wie das Meer, der das *Salatul Ishraq* dort betet, wo er das Morgengebet verrichtet hat.

Es wurde gesagt: *„Was für eine schöne Angewohnheit der Vormittagsschlaf doch ist."*

Der Schlafplatz sollte sauber sein.

Man sollte beachten, dass die eine Hälfte des Körpers nicht in der Sonne und die andere Hälfte nicht im Schatten liegen.

Der Muslim wurde davor gewarnt auf seinem Bauch zu schlafen.

Die Sauberkeit

Ein Muslim, der die Sauberkeit nicht ernst nimmt, wie es sein sollte, hat entweder kein Wissen darüber oder er weiß es und beachtet es absichtlich nicht. In einer Überlieferung des Gesandten Allahs heißt es:

„Die Sauberkeit ist die Hälfte des Imans." [11]

Diejenigen, die die Sauberkeit nicht beachten, haben entweder einen schwachen Glauben, einen unzureichenden Verstand, sind entweder sehr faul oder sie sind schlechten Angewohnheiten verfallen. Dass die Sauberkeit im Quran an dreißig Stellen erwähnt wird, zeigt, wie wichtig der Islam die innerliche und äußerliche Sauberkeit nimmt.

Allah, der Erhabene, sagt im Quran:

---

11 Ramuz el Ehadis, 1-221.

Gewiss, Allah liebt die stets Reumütigen und die sich rituell Reinigenden. (Al-Baqara,222)

Es ist eine sehr wichtige Aufgabe im Islam, welche man penibel befolgen muss, dass man mit materiellem Schmutz verschmutzte Körper, Kleidung und Orte reinigt.

Die materielle Reinigung ist sehr wichtig im Leben der Menschen

Es ist ein islamisches Prinzip, dass man, aus welchem Grund auch immer, verschmutzte Körper, Kleidung und Orte usw. mit Wasser reinigt. Diese Reinigung ist je nach dem Zustand des zu Reinigenden entweder *Fardh*, *Sunnah* oder *Mustahabb*.

Die rituelle Waschung oder die Ganzkörperwaschung zu vollziehen, um zu beten, ist ein verpflichtendes Reinigungsgebot.

Für Muslime ist es das Reinigungsgebot eine Sunnah, dass sie Verunreinigungen im Gesicht, in den Ohren, der Nase, den Haaren und im Bart beseitigen. Außerdem ist es Sunnah, dass sie ihre Haare ordentlich schneiden, so dass sie nicht den Abscheu der Menschen erwecken.

Es ist Mustahabb, dass der Muslim wenigstens einmal in der Woche seinen ganzen Körper reinigt. Vorzüglicher ist es, wenn man dies an einem Freitag macht, denn der Freitag ist ein Festtag für uns Muslime.

Es ist Mustahabb, dass der Muslim seine Fingernägel und seinen Schnurrbart kürzt.

Es ist Mustahabb, dass man die Behaarung unter den Achseln und in der Leistengegend entfernt. Einmal in der Woche oder alle fünfzehn Tage sollte man sie reinigen. Es ist *Tahriman Makruh*, dass man sie vierzig Tage lang unberührt lässt.

Ein bewusster Muslim achtet auf die Mund und Zahnhygiene.

Die Sorgfalt, die der Gesandte Allahs der Mundhygiene entgegen brachte, führte ihn dazu zu sagen:

„Wenn ich nicht wüsste, dass es meiner Ummah schwer fallen würde, dann hätte ich ihnen befohlen das Siwak zu benutzen."

Unser gesegneter Prophet befahl denjenigen, die Zwiebeln, Knoblauch oder Lauch aßen, dass sie sich solange nicht der Moschee nähern, bis der Geruch vorüber war:

„Die Engel und Menschen werden durch den Mundgeruch belästigt, die Zwiebeln, Knoblauch und Lauch essen."

Es wird berichtet, dass die Segensfülle aufgehoben wird, wenn man Abfälle nicht beseitigt.

Das Auftreten

Bevor ein Muslim sich unter Menschen begibt, sollte er sich über sein Äußeres vergewissern.. Er begibt sich unter Menschen, indem er durch ein gutes Auftreten, welches eine Augenweide sein soll, versucht die Sympathie der anderen zu erwecken.

Es wird überliefert, dass Aisha sagte:

Eine Gruppe der Ashab wartete auf den Gesandten Allahs vor seiner Tür. Er war noch nicht aus dem Haus. Bei ihm zu Hause gab es einen Wasserkrug. Der Gesandte Allahs schaute sich in ihm an und richtete seine Haare und seinen Bart. Ich fragte ihn:

„Oh Gesandter Allahs, machst du es auch?"

Er antwortete:

„Natürlich! Wenn jemand zu seinen Brüdern geht, soll er sich fertig machen, denn Allah ist der Schöne und liebt das Schöne."

Ein Muslim praktiziert dies dem Prinzip des Mittelweges gemäß, ohne zur Über,- oder Untertreibung zu neigen. Das weltentsagende Leben *(Zuhd)* und die Demut sollte man nicht so verstehen, dass man sein äußeres Erscheinungsbild vernachlässigt oder im Schmutz verweilt.

Imam Abu Hanifa achtete auf Feinheiten beim schönen äußerlichen Erscheinungsbild, der Kleidung und gutem Duft. Er hielt auch andere dazu an. Eines Tages sah er einen seiner Freunde in einer alten Kleidung. Als sie alleine waren, gab er ihm zehn *Dirham*, damit er sich neue Kleidung kaufte. Sein Freund sagte:

„Ich bin reich und lebe in Gaben. Ich benötige das Geld, was du mir gibst, nicht."

Abu Hanifa antwortete:

„Kennst du nicht die Aussage des Gesandten Allahs, dass **‚Allah liebt es die Spuren seiner Gaben bei seinen Dienern zu sehen?** *'Du solltest deine Kleidung wechseln, damit deine Glaubensbrüder kein Mitleid für dich empfinden."*

Der Islam begrüßt keineswegs, dass man sich übertrieben auftakelt. Die Übertreibung, die den Menschen in diesem Leben versklavt führt dazu, dass man alles zur Seite wirft und sich nur mit der Kleidung beschäftigt.

Der Gesandte Allahs verbot die Übertreibung diesbezüglich, indem er sagte:

„Die Diener, die dem Dirham, dem Samt und der Seide verfallen sind, wurden vernichtet. Sie waren zufrieden, wenn man ihnen gab und wenn ihnen nichts gegeben wurde, waren sie ungeduldig."[12]

12 Müslüman Sahsiyeti, S.40.

Die Bewahrung vor gesundheitsschädlichen Dingen

Um die Gesundheit zu wahren, soll man sich vor krankheitsbringenden Faktoren und vor Handlungen, die Ursachen für Krankheiten sein können, hüten. Und man sollte Vorsichtsmaßnahmen treffen, die unser Immunsystem stärken.

Notwendige Impfungen sollte man durchführen, sich gesund ernähren und auf Gesundheits-regeln achten .

Die Behandlung bei Erkrankungen

Erkennt man Anzeichen von Krankheiten, dann sollte man einen Arztbesuch nicht vernachlässigen. Die Heilung von Krankheiten wird erschwert, wenn man Untersuchung und Behandlung verzögert.

Für jede Krankheit gibt es eine Medizin. Beinhaltet die verabreichte Medizin eine krankheitsbeseitigende Eigenschaft, so wird derjenige mit der Erlaubnis Allahs Genesung finden.

Die Berührung von bösen Blicken

Der Gesandte Allahs sagte:

„Die Berührung von bösen Blicken ist rechtens.“[13]

Es wird anerkannt, dass wenn manche etwas ansehen und es ihnen gefällt, dass diese Blicke eine negative Auswirkung auf das Betrachtete haben.

13 Ramuz el Ehadis, S.1-224.

Der von den bösen Blicken Betroffene und jeder. der etwas sieht, was ihm gefällt, sollte erst *„MashaAllah"* sagen und anschließend das, was er sagen möchte.

Es wird gesagt:

„Der Betroffene von den bösen Blicken soll für seine Heilung Ayah al-Kursiyy,al-Fatiha, Muawwadhatayn und die letzten Ayah der Surah an-Nun rezitieren."

Die Zauberei

Der Gesandte Allahs sagte:

„Wer nicht vom Alkohol ablässt, wer die Zauberei bestätigt und wer die Beziehung zu seinen Verwandten abbricht, wird nicht ins Paradies eintreten."

Ein Teil der islamischen Rechtsgelehrten werten die Zauberei als *Kufr* und ein anderer Teil sagt, dass die Zauberei die Tür zum *Kufr* öffnet.

Im Quran wird uns befohlen, dass wir Zuflucht bei Allah suchen sollen vor der Bosheit der Zauberer, denn die Zauberer und Magier behauchen Knoten oder ähnliche Dinge um Ehepaare zu trennen, außerdem planen sie manchen Menschen Schlechtes anzutun. Es wird empfohlen *Muawwadhatayn* zu rezitieren, um sich vor dem Übel der *Jinn* und der Zauberer zu schützen.

Aisha erzählt:

„Der Gesandte Allahs rezitierte fast jede Nacht, wenn er sich abends hinlegen wollte, Surah al-Ikhlas und Muawwadhatayn, indem er seine beiden Hände zusammen tat und sie dann behauchte. Danach bestrich er jeden Bereich des Körpers, an den

seine Hände gelangten. Natürlich begann er damit sein Haupt und sein Gesicht zu bestreichen und dies wiederholte er drei Mal." [14]

Die Amulette mit arabischen Schriftzügen

„Einige Rechtsgelehrte haben keine islamischen Bedenken, wenn man sich Amulette um-hängt, die in verständlichem arabisch geschrieben sind, die mit überlieferten Bittgebeten des Propheten, mit Heilversen oder Versen wie den *Muawwadhatayn* beschriftet sind. So ist es auch erlaubt, wenn man die *al-Fatiha*, manche Suren oder Verse mit der Absicht der Heilung und Segens über Kranken oder von Skorpionen gebissenen Personen rezitiert und sie dann anschließend mit der Hand bestreicht und vorsichtig -ohne Speichel auszuwerfen- behaucht. Schließlich sind sich *Imam Nawawi*, *Hafidh Ibn Hajar* und andere Gelehrte darüber einig, dass dies aus islamischer Sicht legal ist. Man muss jedoch absolut verinnerlichen, dass keine Wirkung vom Rezitierten oder Schreiben selber ausgeht, sondern nur durch die Erlaubnis, Macht und Hilfe Allahs."[15]

Der Umgebungswechsel

Der Gesandte Allahs empfahl auch einen Umgebungs- und Luftwechsel bei einer Behandlung ein.

Als die in *Madinah* erkrankten *Uraynis* zum Propheten kamen und sagten:

---

14 Aile Egitimi, 1/426-427.

15 Aile Egitimi, 1-428.

'Wir sind keine Bauern, sondern Tierhirten – also wir sind Nomaden und leben in der Wüste- dieser Platz ist nicht geeignet für uns. ', sandte der Gesandte Allahs sie aufs Weideland, welches dem Staat gehörte.

Der Gesandte Allahs riet auch denjenigen, die ein neues Haus bezogen haben und sagten, dass ihnen im neuen Haus Unheil widerfahren ist, dieses entweder zu verlassen, indem sie es verkaufen oder verschenken.[16]

16 Hz. Peygamber'in Sünnetinde Terbiye, S. 248.

Zweites Kapitel

Der Mensch benötigt ein Maß an Wissen, um zu erkennen, welche Eigenschaften Allah zufrieden stellen und auf welche Art und Weise man diese Eigenschaften am besten erwerben kann.

Das Wissen über den Charakter lehrt uns gute und schlechte Verhaltensweisen.

Das Wissen über den Charakter

Damit der Mensch weiß, welche hohen seelischen und geistigen Eigenschaften es zu erreichen gibt und wie man sie am besten und am gezieltesten erweitert, benötigt er ein gewisses Maß an Wissen. Das Wissen über den Charakter deckt diesen Bedarf des Menschen. Durch das Wissen über den Charakter können die Menschen bezüglich der Bewertung der Taten, richtige Urteile fällen und richtige Entscheidungen treffen.

Jeder Mensch muss wissen, welche Haltungen und Verhaltensweisen gut und schlecht sind.

Das Wissen über den Charakter wurde kurzerhand als Wissen der Aufgaben, Wissen der Tugenden und als Wissen des Guten definiert.[17]

Jeder Muslim muss den Wert und die Wichtigkeit der Charakterbestandteile in seinem Leben kennen.

Der Islam verlangt, dass seine Prinzipien von Herzen verinnerlicht werden und misst der Bestätigung des Herzens und des Gewissens großen Wert bei.

Im Quran heißt es:

Die Wüstenaraber sagten: „Wir verinnerlichten den Iman." Sag: ‚Ihr habt den Iman nicht verinnerlicht, sondern sagt:

17 M.Ali Ayni, Ahlak Dersleri, S.6-7.

'Wir wurden Muslime.',doch der Iman ist noch nicht in eure Herzen eingedrungen. (Al-Hujurat,14)

Der Verstand, der Geist und das Herz des Menschen müssen absolut durch das göttliche kräftige Licht des Islam erleuchtet sein, denn der Mensch ist das wertvollste der Geschöpfe und seine Zufriedenheit ist an ihn gebunden. Den Menschen die hohen Stufen des idealen Charakters erreichen zu lassen, ist etwas viel höheres, als die Leistung des materialistischen Wissens. Die Entdeckungen der Zivilisation wie Raketen, Satelliten, Fernsehen usw. machen den Menschen nicht glücklich sondern erweitern ihn.

Solange die Zivilisation den Schöpfungssinn nicht beachtet, solange sie gegen diesen wichtigsten Punkt verstößt, wird dieses Chaos weiter andauern, denn die Probleme werden nicht durch Zivilisationsrhetorik gelöst werden können.

Glückseligkeit ist nur dem Muslim, der muslimischen Familie und der muslimischen Gemeinschaft vorbehalten

Die Zurückgebliebenheit, die Trennung, die Zerstreutheit, die Feindschaft, die Teilnahms-losigkeit, die Kriege in den muslimischen Reihen sind ein Beweis dafür, dass die Muslime sich von der korrekten Verbundenheit zum Glauben und vom islamischen Charakter entfernt haben. Wären die Muslime der ewigen Methode Allahs treu geblieben, wären diese Vorfälle nicht geschehen. Wir müssen mit all unseren Kräften dafür sorgen, dass die menschlichen Werte wieder die Oberhand gewinnen. Gewiss, unser Herr wird der gläubigen Gemeinschaft helfen.

Er wird denjenigen, die den Iman verinnerlicht und gottgefälliges Gutes getan haben, doch von seiner Gunst vergelten. (Ar-Rum,45)

Der Islam redet nicht nur einfach vom guten Charakter daher, sondern erörtert einzeln, woraus er besteht und beschäftigt sich mit den Feinheiten. Der Muslim muss sich mit all diesen Beweisen auseinandersetzen, um seine Dienerschaft und seine herausragende auf fortschrittlichem Niveau soziale Persönlichkeit zeigen zu können.

Das Gute verdirbt nicht, die Sünde wird nicht vergessen und Allah stirbt nicht. Wir können machen was wir wollen, nur dürfen wir auch nicht vergessen, dass wir ohne Zweifel die Konsequenzen dafür tragen werden.[18]

Das Ziel des Wissens über den Charakter

Der Gesandte Allahs:

„Ich wurde gesandt, um den edlen Charakter zu vervollständigen.“ [19]

Das Ziel dieses Wissen ist, wie es unser Prophet schon anmerkte, den Menschen guten Charakter und hohe Eigenschaften erwerben zu lassen. Der Mensch besteht aus Geist und Körper. Geist und Körper können gesund oder auch krank sein. Der geistigen Gesundheit sollte man Wichtigkeit beimessen und sich in diesem Punkt bewusst sein.

Dieses Wissen wird auch „das Wissen der geistigen Medizin“ genannt. Das Wissen über den Charakter beabsichtigt aus individueller und sozialer Sicht einen vollkommenen Menschen zu erziehen, indem es uns mitteilt, was gut und schlecht ist,

18 Ramuz-el Ehadis, Bd.1, S.194.
19 Muvatta, Hüsnü'l Hulk, 8.

welche Regeln und Gesetze wir zu befolgen haben, welche Aufgaben und Verantwortung wir zu tragen haben.

Wer keinen Glauben besitzt, hat auch keinen guten Charakter

In Gemeinschaften, wo das religiöse Bewusstsein nachlässt, kann man öfters den Wertezerfall beobachten. Dass die Besorgnis aus dem Herzen verschwindet, dass man eines Tages zu Allah zurückkehrt und ihm Rechenschaft ablegt, ist eine Ursache für das Verschwinden der Ansicht der charakterlichen Verantwortung. Der Gedanke der Freiheit weckt den Wunsch von allen charakterlichen Klauseln davonzukommen. Die religiöse Autorität kann keine Macht ersetzen. Der Mensch kann sein Herz nur durch den Glauben dem Heil zuwenden.

Begeht der Gläubige eine verwerfliche Tat oder wenn er sich selber peinigt, indem er Schlechtes begeht, bittet er direkt darum, dass ihm seine Sünden verziehen werden. Er beharrt nicht absichtlich auf der Sünde.

Eine Person fragte den Gesandten Allahs:

„Oh Gesandter Allahs! Was bedeutet Din?"

„Din bedeutet guter Charakter."

Der gleiche Mann kam von der rechten Seite und fragte den Propheten:

„Oh Gesandter Allahs, was bedeutet Din?"

„Din bedeutet guter Charakter."

Diesmal änderte die Person seine Richtung und kam von der Linken zum Propheten und fragte ihn:

„Was bedeutet Din?"

„Din bedeutet guter Charakter."

Danach kam die gleiche Person von hinten zum Propheten und fragte:

„Oh Gesandter Allahs! Was bedeutet Din?"

Der Gesandte Allahs schaute ihn an und sagte:

„Verstehst du es nicht? Din bedeutet guter Charakter und dass du nicht wütend wirst."[20]

Guter Charakter entspringt der Religion (Din)

Es gibt keine göttliche Religion, die nicht den guten Charakter thematisiert. Die alten Religionen beinhalten nicht den vollkommenen guten Charakter. Die ganzen Schönheiten des Charakters sind in der islamischen Din versammelt. Unser Vorbild ist der Charakter des Gesandten Allahs und dieser ist der Charakter des Qurans. Da der Quran die Sprache Allahs ist, kann man sich keinen höheren Charakter vorstellen.

Einige meinen, dass in dem Vers ***„habt ihr etwa nicht gesehen, dass Allah für euch gratis verfügbar machte, was in den Himmeln und auf Erden ist, und für euch Seine Wohltaten – Offenkundige und Verborgene, vollendete?!"*** (Luqman, 20), mit dem Wort „Offenkundige" die Verbesserung des Charakters und mit dem Wort „Verborgene" die Läuterung des Charakters gemeint ist.[21]

Der Muslim muss sein Leben lang vorsichtig sein, er sollte bewusst leben und alles bewusst machen. Er sollte erlernen was Notwendig ist und es dann auch in die Tat umsetzen. Er

20 Ash-Shu'ara, 37; Al Qalam, 4.

21 Ibn Mandhur, Lisanul Arab, Bd. 6, S. 374.

muss seine eigene Erziehung selbst in die Hände nehmen. Der Muslim sorgt für das Gleichgewicht zwischen Körper und Geist und gibt jedem einzelnen sein Recht. Er vernachlässigt den einen nicht, indem er den anderen übertrieben beachtet, in diesem Punkt soll man den Weg des Gesandten Allahs verfolgen.

Ein Muslim bedeutet ein vorbildlicher Mensch auf der Erde zu sein.

Der islamische Charakter beginnt mit dem Gehorsam Allah gegenüber

Der gute Akhlaq mit Allah verwirklicht sich durch die Befolgung der Gebote und die Einhaltung der Verbote und indem man sich Ihm in jeder Situation unterwirft.

Ein wahrhaftiger Muslim besitzt einen eingefleischten aufrichtigen Iman, er begeht dauernd fromme Taten, er berücksichtigt immer das Wohlgefallen Allahs, er versucht seine Diener-schaft Ihm gegenüber zu festigen und entfernt aus seinem Herzen und Verstand nicht den Sinn des Lebens, den Allah uns durch folgenden Vers vorgegeben hat: ***„Ich erschuf die Jin und die Menschen, nur damit sie Mir dienen.“***

Alles, was Allah befohlen hat, ist gut und alles, was Er verboten hat, ist schlecht. Der Nutzen und der Schaden sind für die Menschen. Wer einem anderen außer Allah dient, ist kein Guter.

Die Gottesdienste (Ibadat) im Islam sind auf den Zweck des Wachsens von charakterlichen Früchten ausgerichtet.

Der gute Charakter ist Bedingung um ein wahrhaftiger Muslim und Muslim zu sein und er ist ein Anzeichen für menschliche Ehre und Würde.[22]

22 Temel Nitelikleriyle Islam, S.245; Ahlak Hadisleri, Bd.1, S.287.

Die Eigenschaften, die ein Muslim besitzen sollte

Muslim zu sein bedeutet ein vorbildlicher Mensch auf dieser Erde zu sein. Er muss mit dem islamischen Charakter ausgestattet sein. Die charakterlichen Eigenschaften, welche man durch den Islam erreicht, können wir wie folgt aufzählen:

Die Liebe zu Allah und seinem Gesandten

Die islamischen Gelehrten sind sich darüber einig, dass es eine Pflicht für Jeden ist, Allah und seinen Gesandten zu lieben.

...die Er liebt und welche Ihn lieben. (Al-Maida,54)

Muhabbah bedeutet Liebe, Freundschaft und die Zuneigung der Seele zu dem, woran sie Genuss empfindet.

Die *Muhabbah* für Allah wiederum ist das höchste Ziel der Stufen und der äußerste Gipfel der Ränge.

Der Gesandte Allahs machte folgende *Dua'*:

„Oh Allah! Versorge mich mit deiner Liebe und der Liebe, die dich lieben, und der Liebe der Dinge, die mich deiner Liebe näher bringen! Lass mir deine Liebe lieber sein als die Liebe zu kaltem Wasser!"

„Solange jemand von euch mich nicht mehr liebt als seine Mutter, seinen Vater, seinen Kindern und den ganzen Menschen, kann er den vollkommenen Iman nicht erlangen."

„Der Iman im Herzen bedeutet Allah, den Erhabenen, zu lieben."[23]

---

23 Ramuz el Ehadis, Bd.1, S. 192.

Imam Rabbani (Q.S):

„Wer versucht dem Gesandten Allahs zu folgen, wird die Stufe der von Allah Geliebten erreichen.“

Sag: „Wenn ihr (wirklich) Allah liebt, dann folgt mir, damit Allah euch liebt und euch eure Verfehlungen vergibt.“ (Ali-'Imran, 31)

Sahl sagte:

„ Das Anzeichen für die Liebe Allahs ist die Liebe zum Quran. Das Anzeichen für die Liebe zu Allah und zum Quran ist die Liebe zum Propheten. Das Anzeichen für die Liebe zum Propheten ist die Liebe zum Jenseits. Das Anzeichen für die Liebe zum Jenseits ist es, das Weltliche nicht zu lieben. Das Anzeichen, dass man die Welt nicht liebt ist, dass man sich von ihr nur mit dem versorgt, was einem im Jenseits nützt und Glückseligkeit erreichen lässt.“

„Die Früchte wahrhaftiger Muhabbah offenbaren sich im Herzen, an der Rede und den Organen.“

Jemanden für Allah lieben

In einer Aussage des Gesandten Allahs heißt es:

„Ein Muslim liebt und wird geliebt. Wer nicht liebt und nicht geliebt wird, hat nichts vom Guten abbekommen.“

Eine Eigenschaft eines Muslims ist, dass er Kontakte zu anderen Menschen knüpft und sich ihnen zuwendet. Und die Menschen wenden sich ihm zu. Dies gehört zu den Tugenden eines Muslims, der seine Religion (*Din)* gut kennt. Diese Tugend nennt man Sympathie (*Ulfah*).

Wie nötig wir doch diese Besonderheit haben, welche wir Sympathie nennen. Pöbelhafte und Beleidigende Muslime können in dieser Gemeinschaft im Namen des Islam nichts vollbringen.

Fudayl bin Iyad sagte:

„Dass der Muslim seinen Bruder mit Liebe und Barmherzigkeit anschaut ist eine gottes-dienstliche Handlung (Ibadah)."

Als der Gesandte Allahs *„Oh Gesandter Allahs, mit wem sollen wir zusammen sein?"*, gefragt wurde sagte Er:

> ***„Seit mit denen zusammen, die euch an Allah erinnern, wenn ihr sie seht, deren Reden euer Wissen vermehren, deren Taten und Handlungen euch Lust und Freude für das Jenseits zu schaffen geben."***

In dem Buch *„das Elixier der Glückseligkeit"*, von *Imam Ghazali* steht:

> ***„Allah, der Erhabene sandte einem seiner Propheten eine Offenbarung und sprach: „ Du dachtest an deine Behaglichkeit, indem du das weltensagende Leben (Zuhd) ausgewählt hast, denn dadurch befreitest du dich von den weltlichen Strapazen. Durch die Beschäftigung mit meiner Anbetung hast du deine Ehre erreicht, aber sei achtsam, hast du meine Geliebten für mich geliebt und meinen Feinden für mich gezürnt?"***

Die Freundschaften, Begegnungen und Gewohnheiten, die durch gemeinsamen Schulbesuch, gemeinsame Reisen oder Nachbarschaft entstehen, gelten nicht als Liebe für Allah. Es ist auch nicht für Allah, wenn man jemanden liebt, weil er schön ist oder schön redet. Jemanden wegen weltlichen Zielen zu lieben, zählt auch nicht zu der Liebe für Allah. Die Freundschaft und Liebe für Allah kann man nicht ohne Iman erlangen. Und diese Liebe für Allah teilt sich in zwei Kategorien:

Die erste Kategorie:

Jemanden zu lieben, weil er einem gutes tat oder noch tun wird, aber dieses Gute muss bei religiösen Themen und nur für Allah sein. So wie man seinen Lehrer liebt, weil er einem Wissen beibringt...

Dies ist Liebe für Allah. Das Ziel darf eben kein weltliches sein, sondern das Ziel ist das Jenseits. Wenn das Ziel nur etwas Weltliches ist, dann ist diese Liebe nicht für Allah. Wenn der Lehrer seinen Schüler liebt, weil er ihm Wissen beibringt und wenn das Ziel des Lehrens das Wohlgefallen Allahs zu erlangen ist, dann ist es Liebe für Allah.

Die zweite Kategorie:

Diese ist viel wertvoller. Nämlich jemanden nur für Allah zu lieben, ohne einen Nutzen dabei zu haben. Es ist unwichtig, ob er nicht lernt oder lehrt oder gute Taten begeht, um dem Islam zu dienen. Er liebt ihn nur, weil er Allah gehorcht und weil Allah ihn liebt.

Für Allah zornig sein

Wer diejenigen für Allah liebt, die Allah gehorchen, nimmt sich auch *Kuffar*, Tyrannen und Frevler (*Fasiq*) für Allah zum Feind, denn wer jemanden liebt, liebt dessen Freunde und ist feindschaftlich gegenüber seinen Feinden. Allah, der Erhabene, liebt die *Kuffar*, Tyrannen und Frevler nicht. Also wird ein Muslim zu einem Frevler (*Fasiq*), so liebt man ihn, weil er Muslim ist und man zürnt ihm wegen seines Frevels (*Fisq*).

Wenn sich jemand gegen Allah, den Erhabenen, auflehnt, ist es so, als wenn einem selber Schlechtes getan wird und dementsprechend zürnt man ihn so viel, wie er sich gegen Allah aufgelehnt hat und man liebt ihn so viel, wie er Allah gehorcht.

Nach einer Überlieferung sagte *'Isa*:

„Macht euch bei Allah, dem Erhabenen, beliebt, indem ihr Feinde der Frevler seid. Kommt Allah, dem Erhabenen, näher, indem ihr euch von den Frevlern fernhaltet und erlangt Allahs Wohlgefallen, indem ihr sie hart behandelt."

Die Reue
(At-Tawbah)

Und bittet Allah um Vergebung allesamt – ihr Muslim! – damit ihr erfolgreich werdet. (An-Nur, 31)

Die Reue *(Tawbah)* bedeutet linguistisch die Umkehr, der Rücktritt.

In der islamischen Rechtswissenschaft bedeutet die Reue *(Tawbah)* die Umkehr von schlechten und verwerflichen Äußerungen und Handlungen zu den in der *Din* gut angesehenen Handlungen. Es bedeutet zu wissen, dass die Umkehr von den Sünden und der Auflehnung gegenüber Allah den Menschen zu seinem Herrn und seinem Paradiese führen.

Der Diener darf von den Sünden nur für das Wohlgefallen Allahs ablassen. *Tabwah* bedeutet zu bereuen und dass man sich fest vornimmt, diese Sünden nicht mehr zu begehen.

In einem Hadith wurde gesagt:

„Die Buße für Sünden ist Reue."[24]

---

24 Ihya yi Ulum-id Din, Bd.8, S.234.

Die großen Sünden

Es gibt große und kleine Sünden.

Einige Gelehrte zählten die großen Sünden folgendermaßen auf:

1. Der *Shirk* – Allah andere Götter beigesellen.
2. Das Beharren auf der Sünde.
3. Die Hoffnung auf den Segen Allahs zu verlieren.
4. Sich in Sicherheit wiegen vor der Strafe Allahs.
5. Die falsche Zeugenaussage.
6. Eine ehrenwerte Frau der Unzucht bezichtigen.
7. Die Aneignung von Gut durch eine Falschaussage.
8. Die Zauberei.
9. Alkohol trinken.
10. Zu Unrecht das Gut der Waisen nehmen.
11. Die Zinsen.
12. Die Unzucht.
13. Der Geschlechtsverkehr mit dem gleichen Geschlecht.
14. Der Mord.
15. Der Diebstahl.
16. Die Auflehnung gegen Mutter und Vater.

Die Bedingungen der Reue

Bereuen für Taten, die nicht der islamischen Rechtsprechung entsprechen.

Zu jeder Zeit und in jeder Situation sofort von allen schlechten Äußerungen und Handlungen ablassen.

Die klare Absicht die gleichen Sünden nicht zu wiederholen.[25]

25 Günyetü't Talibin, S.191.

Die Ursachen, wodurch kleine Sünden zu Großen werden

Das Beharren auf den kleinen Sünden.

Die Sünde als gering betrachten.

Der Gesandte Allahs sagte:

„Der Muslim betrachtet seine Sünde, wie einen Berg, der über seinem Haupt hängt und er fürchtet sich davor, dass dieser Berg auf ihn stürzt. Der Heuchler betrachtet seine Sünde, wie eine Fliege, die auf seiner Nase landet und die man leicht vertreiben kann."

Sich über eine Sünde freuen oder sich mit ihr brüsten oder Äußerungen oder Handlungen wie *„Ich hab es ihm gegeben"* oder *„Ich habe ihn richtig blamiert"* gehören zu dieser Kategorie.

Eine Sünde, die man im Verborgenen begangen hat, vor der Gemeinschaft wiedergeben. Dies führt dazu, dass Allah seine Sünde nicht verdeckt und dass die Zuhörer zu den Sünden animiert werden.

Einige denken es ist eine Hilfe von Allah, weil er ihre Sünden verdeckt und ihnen Aufschub gewährt. Sie denken nicht daran und fürchten sich nicht davor, dass es eine Prüfung sein kann, welche sie vernichtet und so wird die kleine Sünde zu einer Großen.

Eine Ursache, dass eine kleine Sünde zu einer Großen wird, ist wenn sie ein Gelehrter begeht, der als Vorbild für andere dient. Seine schlechten Verhaltensweisen und Handlungen geben anderen Mut und verursachen, dass sie *„ Wenn man es nicht hätte tun dürfen, dann hätte er es nicht getan"*, sagen.[26] (10)

---

26 Ihya-yi Ulum-id Din, Bd.8, S.287.

Jeder benötigt die Reue

Die *Tawbah* ist Pflicht für Jedermann. Es ist unmöglich für einen Muslim, dass er sich von der Reue fernhält, denn die Menschen begehen selbst mit ihren Organen Sünden. Begeht er keine Missetaten mit ihnen, so denkt er doch mit dem Herzen an sie.

Auch wenn man sich davor rettet, so kann man sich kaum vor den Eingebungen des Teufels befreien, deren Ziel es ist, dass man Allah nicht gedenkt. Befreit er sich auch von ihnen, so wird er sich vor der Benommenheit und der Mangelhaftigkeit, die durch das Wissen über die Handlungen und Eigenschaften Allahs verursacht werden, kaum befreien können.[27]

Einige Ratschläge um das Volk zur Reue und zum Ablassen von den Sünden anzuspornen

Die Sünder und Frevler an Verse aus dem Quran erinnern, die ihnen Furcht einflößen. Ihnen die Aussagen des Propheten und der großen Persönlichkeiten zu überliefern, in denen die Sünder kritisiert und die Reuenden gelobt werden.

Die Geschichten der Propheten und großen Persönlichkeiten erzählen und welche Plagen sie durch das Fehlverhalten getroffen haben. . z.B. das falsche Handeln von Adam, wodurch er aus dem Paradies rausgenommen wurde.

Solche und ähnliche Themen muss man denjenigen, die auf den Sünden beharren, öfters erzählen und sie daran erinnern.

Man erzählt ihnen, dass die sofortige Bestrafung im Diesseits durch die Sünden kommt und dass die Plagen, die einem

27 Günyetü't-Talibin, S.184.

widerfahren, durch das eigene schlechte Verhalten verursacht werden. Mit solchen Dingen soll man ihnen Furcht einflößen.

Die Strafen und Folgen für Alkoholgenuss, Unzucht, Diebstahl einzeln erörtern.[28]

Der Bereuende muss sehr darauf achten, wessen Rechte er in seinem vorherigen sündigen Leben verletzt hat, damit er es wieder gut machen kann, soweit es ihm möglich ist.

Allahs Rechte gegenüber seinen Dienern teilen sich in zwei Kategorien

1- Dass sie die Pflichten einhalten.

2- Dass sie sich von den Sünden fernhalten.

Die Person muss von dem Tag an, von dem sie Eigenverantwortung gegenüber Allah trägt, ausrechnen, wie viele Gebete sie verpasst, wie viele Tage sie nicht gefastet und wie viele Steuerabgaben sie *(Az-Zakah)* nicht verrichtet hat um sie dann dementsprechend nachzuholen. Außerdem muss sie für alle kleinen und großen Sünden Buße zeigen. Hat sie Menschenrechte verletzt oder von anderen etwas genommen, so muss sie dies wieder bereinigen, indem sie das Genommene an seine Besitzer oder Vertreter zurück gibt und indem sie diejenigen um Vergebung bittet, dessen Rechte sie verletzt hat, falls sie noch leben sollten. In dem Lebensabschnitt, welcher ihr noch bleibt, muss sie viele gottesgefällige Handlungen begehen, um am jüngsten Tag genug gute Taten gegenüber den Sünden zu haben.[29]

28 Gazali'den Vaazlar, S.595-596.

29 Kimya-yi Saadet, S.630, 640.

Die Reue, die nur auf einem Lippenbekenntnis beruht, bringt einem nichts Großartiges.

„Nur man erhält Belohnung für Bitte um Vergebung mit der Zunge, denn auch wenn es aus der Benommenheit entsteht, so ist es immerhin noch besser, als wenn man lästert oder sinnlos redet. Auch wenn es nur mit der Lippe ist, so ist die Bitte um Vergebung besser als das Schweigen. Im Vergleich Jedoch ist die Reue mit dem Herzen besser als ist die Reue per Lippe.“[30]

Die Gottesfurcht
(At –Taqwah)

Die Gottesfurcht, die als einziger Wertemaßstab für alle Menschen gilt, ist keine Angst im psychologischen Sinne.

Gottesfurcht bedeutet

Sich mit absoluter Genauigkeit vor den Sünden schützen,

Von allem abzulassen, was als Zweifelhaft gilt und betrachtet wird,

Sich vor den Dingen zu bewahren, die einen im Jenseits schaden,

Allah auf tiefgründige Art respektieren,

Bei allen Handlungen stets das Wohlgefallen Allahs über den anderen Wünschen zu halten,

Sich vor Handlungen hüten, durch die man das Wohlgefallen Allahs verlieren kann,

Die Verbote Allahs und Gebote Allahs befolgen,

Sich von allem lösen, was einen von Allah fernhält.

30 Ihya-yi Ulum-id Din, Bd.8, S.338.

Die Absicht

Der Gesandte Allahs sagte:

„Wahrlich die Taten sind entsprechend den Absichten, und jedem Menschen steht das zu, was er beabsichtigt hat. Wer also seine Auswanderung um Allahs uns Seines Gesandten willen unternimmt, dessen Auswanderung ist für Allah uns Seinen Gesandten , und wer seine Auswanderung des irdischen Lebens willen unternimmt, es zu erlangen, oder wegen einer Frau, sie zu heiraten, dessen Auswanderung ist für das, um dessentwegen er auswandert.“

In einer anderen Aussage des Gesandten Allahs:

„Ohne Zweifel Allah schaut nicht auf euer Äußeres und eure Güter, sondern in eure Herzen und auf eure Taten.“

Die Gelehrten sagen: Erlernet zuerst wie man eine Absicht fasst und dann handelt.

Die Absicht des Muslim ist besser als seine Tat

Damit meint der Gesandte Allahs, dass die Taten mit Absichten höher gestellt sind als Taten ohne Absichten, denn es ist offensichtlich, dass absichtslose Taten keine gottesdienstlichen Handlungen und tatenlose Absichten kein Gehorsam sind. Wahrscheinlich ist die Bedeutung, dass der Gehorsam sich durch das Zusammenspiel von Körper und Herz verwirklicht.

Die Taten teilen sich in drei Kategorien. Sünden, Gehorsam und zulässig (*Mubah*).

Da der Gesandte Allahs ***„Die Taten entsprechen den Absichten“***, sagte, dachten einige, dass wenn Sünden mit guter Absicht begangen werden, sie dann zu den guten Taten zählen. Das ist natürlich ein irrsinnig falscher Gedanke. Eine gute Absicht kann das Böse nicht zum Guten wandeln. . Nur die schlechte Absicht allein macht sie noch bösartiger und niedriger. Eine Sünde wird durch eine Absicht nicht zur Be-lohnung. Belohnung sind, die Dinge zu begehen, die auch als Belohnung deklariert wurden.

Die zweite Kategorie der gottesdienstlichen Handlungen:

In dieser zeigt die Absicht ihre Wirkung auf zwei Arten. **Erstens:** Die gottesdienstlichen Handlungen werden mit einer korrekten Absicht durchgeführt. **Zweitens**: Je mehr Absichten, desto mehr Belohnung. Erlerne das Wissen der Absichten und du kannst mit einem Gehorsam und mehreren Absichten alles zu gottesdienstlichen Handlungen werden lassen.

Zum Beispiel ist es zulässig, wohlriechende Düfte aufzutragen.. Wenn jemand an einem Freitag diese Sunnah verrichtet, dann kann dies auch mit einer schlechten Absicht wie prahlen mit Reichtum, Zurschaustellung oder Frauen zu imponieren geschehen sein. Hier sind gute Absichten wie Ehrerbietung des Freitags, Respekt den Häusern Allahs gegenüber oder andere nicht durch schlechte Gerüche zu belästigen. Diese und anderen Gedanken sieht man bei denjenigen, die gutes beabsichtigen und alle bringen einen Allah näher. Die großen Persönlichkeiten des Islam waren so. Beim Essen und bei der Unterhaltung mit ihren Frauen beabsichtigten sie alles einzeln.

Nichts Zulässiges ist nicht weit davon entfernt ein Mittel zum Guten zu sein. Beabsichtigt man das Gute, so erhält man die Belohnung.

Zum Beispiel wenn ein guter Muslim sich mit seiner Frau unterhält, kann er Gedanken hegen wie Vermehrung der Gemeinschaft durch Nachwuchs, seiner Frau es behaglich machen, sich und sie vor den Sünden bewahren.[31]

31 Kimya-yi Saadet, S.688-689.

Die Aufrichtigkeit
(Al-Ikhlas)

Aufrichtigkeit bedeutet alle Handlungen nur im Namen Allahs zu begehen. Das Gegenteil von Aufrichtigkeit ist der Götzendienst.

Zum Beispiel:

Hat ein Fastender die Absicht für seine Gesundheit eine Diät zu machen oder er möchte den Strapazen des Kochens und Servierens entkommen; mischen sich Gedanken wie ich möchte Städte sehen, ich brauche Ruhe vor meiner Familie oder man möchte sicher vor Feinden sein in die Absicht der Pilgerfahrt; lehrt jemand Wissen um von Langeweile befreit zu werden; oder man macht einen Krankenbesuch, damit man nicht kritisiert wird und damit man auch besucht wird, so wird die Aufrichtigkeit nichtig, unwichtig ob diese Absichten wenige oder viele sind. Die reine Absicht ist die, wo die Triebseele keinen Anteil hat.

Reine Taten aus dem Menschen, welcher verschiedene Ziele und Eigenschaften besitzt, hervorzuholen, sind so schwer, wie die Milch vom Pansen und Blut zu trennen.

Die Rettung ist, dass man die Liebe zu Allah im Herzen stärkt, indem man die Liebe zum Weltlichen aufgibt. Wer eine starke Neigung zum Weltlichen in seinem Herzen hat, kann schwer aufrichtig bei seinen Gebeten und dem Fasten sein, denn alle Taten sind in der Eigenschaft des Herzens und wenden sich ihm zu.

Allah, der Erhabene, ruft die *Muslim* in der *Suratul-Fatiha* dazu auf:

Dir allein dienen wir, und Dich allein bitten wir um Hilfe!

Die Apostel fragten *Isa*:

„Welche Handlung ist rein?"

Isa antwortete:

„Wer für Allah handelt und es nicht mag, dass ihn jemand für seine Handlung lobt. Seine Tat ist eine reine Handlung."

Die Hoffnung
*(*Ar-Raja'*)*

Ar-Raja' bedeutet auf Allah zu hoffen.

Die weitsichtige Personen sagen folgendes:

Die Welt ist das Feld für das Jenseits, das Herz ist die Erde und der Iman die Saat, der Gehorsam und die gottesdienstlichen Handlungen pflügen die Erde um und öffnen die Wasserkanäle, ein Herz, das dem Weltlichen zugeneigt ist, ist wie ein unfruchtbarer Boden, der jüngste Tag ist die Dreschzeit, wo jeder ernten wird, was er säte, der Iman mit einem schlechten Charakter bringt wenigen Nutzen.

Und darum sollte der Diener auf die Vergebung Allahs hoffen, so wie der Feldbesitzer auf Ertrag hofft. Es ist *Raja'* , wenn eine Person ein fruchtbares Feld erwirbt und es umpflügt und mit gutem Saatgut sät, es mit Wasser versorgt und Dünger verteilt usw. und es vor fremden Substanzen bewahrt, welche den Ertrag verhindern könnten, danach bittet er Allah darum, dass Er sein Feld vor Plagen schützt und hofft auf die Verwirklichung seines Vorhabens..

Raja' nennt man es, wenn der Diener die Ursachen, die unter seiner Entscheidungskraft liegen, vorbereitet und auf das Erwartete hofft. So, dass nur noch Dinge übrig bleiben, die der Diener nicht beeinflussen kann und das ist die Güte von Allah.

Allah anzubeten mit der Hoffnung auf Seine Gnade und Gaben ist besser, als wenn man ihn anbetet aus Angst vor Bestrafung, denn durch Hoffnung entwickelt sich Liebe.

Und es gibt keine höhere Stufe, als die Stufe der Liebe. Allah, der Erhabene, verbietet den Ursprung der Hoffnungslosigkeit:

Verzweifelt nicht an Allahs Gnade!... (Az-Zumar,53)

Zwei Gruppen von Menschen brauchen eine Behandlung bezüglich *Raja'*

Die erste Gruppe sind diejenigen, die komplett der Hoffnungslosigkeit verfallen und von den gottesdienstlichen Handlungen ablassen und die anderen sind diejenigen, die übertrieben der Angst verfallen und sich ausschließlich mit gottesdienstlichen Handlungen beschäftigen, so dass es ihre Familie stört. Beide Gruppen sind vom Mittelweg abgekommen, die einen übertreiben und die anderen untertreiben.

Und darum brauchen sie eine Behandlung, die sie auf den Mittelweg führt. Denjenigen, der frevelt und von den gottesdienstlichen Handlungen ablässt und auf Allah hofft, erinnert man an Ursachen, die ihn zur Furcht leiten.

Bei allen charakterlichen Eigenschaften wird der Mittelweg verlangt. Die besten Angelegen-heiten sind die mittelwegigen.

Imam Ali sagte:

„Ein wahrhaftiger Gelehrter ist derjenige, der seine Gemeinschaft vor der Bestrafung Allahs nicht in Sicherheit wiegt und der sie nicht in die Hoffnungslosigkeit stürzt."

Sag (In Meinem Namen): „ Meine Diener, die sich gegen sich selbst vergingen! Verzweifelt nicht an Allahs Gnade! Gewiss, Allah vergibt die Verfehlungen – allesamt. Gewiss, Er ist Der Allvergebende, Der Allgnädige.“ (Az-Zumar,53)

Anas überliefert vom Gesandten Allahs:

„Wenn der Diener eine Sünde begeht, so wird sie ihm in sein Buch geschrieben.“

Ein Nomade fragte:

„Und was geschieht, wenn er es bereut?“

„Dann wird es aus seinem Buch gestrichen.“

„Und was ist, wenn er erneut sündigt?“

„Dann wird es wieder niedergeschrieben.“

„Und wenn er wieder bereut?“

„Dann werden sie erneut getilgt.“

„Bis wann können die Sünden aus dem Buch getilgt werden?“

Der Gesandte Allahs antwortete auf diese Frage:

„Solange bis er wirklich bereut und sich Allah zuwendet. Hat der Diener nicht genug von der Bitte um Vergebung, so wird Allah nicht genug von der Vergebung haben. Wenn ein Diener etwas Gutes beabsichtigt, so schreibt der rechte Engel sofort eine gute Tat in sein Buch.

Praktiziert er das Beabsichtigte, so bekommt er das Zehnfache und danach siebenhundert-fach und noch mehr gut geschrieben. Beabsichtigt er etwas Schlechtes, so wird es nicht niedergeschrieben, bis er es in die Tat umsetzt. Begeht er das Beabsichtigte, so wird ihm eine Sünde in sein Buch geschrieben. Trotz dessen gibt es später die Gnade und Vergebung Allahs.“

Die Hoffnung wird an zwei Stellen gelobt

Erstens bezüglich der Frevler, die in Sünden versunken sind.

Und gewiss, Ich bin bestimmt allvergebend für denjenigen, der reuend wurde, den Iman verinnerlichte, gottgefälliges Gutes tat und dann Rechtleitung fand. (Ta-Ha, 82)

Zweitens bezüglich derjenigen, die sich den freiwilligen Gottesdiensten entziehen und sich nur mit den Gottesdiensten begnügen, die eine Pflicht sind.

Erhofft sich diese Person die Gaben Allahs und das, was den Frommen versprochen wird, so bekommt er den Willen sich den Gottesdiensten und den tugendhaften Taten zuzuwenden. Ist er überzeugt und mit folgendem Vers verbunden, so wird seine Hoffnung ein Treffer sein:

Bereits sind die Muslim erfolgreich! Diejenigen, die in ihrem rituellen Gebet voller Ehr-furcht sind. (Al-Muslimun, 1-2)

Die erste Art Hoffnung beseitigt die Hoffnungslosigkeit, die die Reue verhindert. Die zweite Art Hoffnung entfernt die Laschheit bezüglich der freiwilligen Gottesdienste.

Jede Erwartung, die Gottesdiensten gegenüber Reue, Bemühung und Ansporn erwecken, ist eine Hoffnung. Und jede Hoffnung, die bei den Gottesdiensten zu Laschheit und Faulheit führt, ist eine Täuschung.[32] (16)

Die Furcht
(Al-Khawf)

Al Khawf bedeutet sich vor Allah zu fürchten.

Angst ist, wenn das Herz schmerzt und brennt, weil man etwas in Zukunft erwartet, was man nicht mag.

32 Ihya-yi Ulum-id Din, Bd.4, S.530.

Die Ursachen des nicht Gemochten zu kennen, verstärkt das Brennen und den Schmerz des Herzens. Dieses Brennen und Schmerzen sind Auswirkungen der Angst selbst.

Zeitweilig fürchtet man sich vor Allah, weil man Allah und seine Eigenschaften kennt, denn wenn Er möchte, kann Er das Dasein vernichten und nichts kann Ihn daran hindern.

Manchmal denkt der Mensch an die Menge seiner Sünden und fürchtet sich vor Allah.

Und ein andermal fürchtet man sich aus beiden Gründen. Durch diese Erkenntnis denkt man an seine eigenen Schandtaten, die Allmacht Allahs, der nichts benötigt und niemandem Rechenschaft ablegt im Gegensatz zu den Menschen und dies vermehrt die Furcht vor Ihm.

Unter den Menschen fürchten sich am meisten diejenigen vor Allah, die sich selber und ihren Herrn gut kennen. Darum sagte der Gesandte Allahs:

„Ich bin der Gottesfürchtigste unter euch."

Erkennt man Allah vollkommen an, so erzeugt dies beim Diener starke Furcht und Brennen im Herzen. Danach breitet sich die Wirkung vom Herzen auf den ganzen Körper und die Organe aus.

Durch diese Furcht entwickeln sich im Herzen Demut, Ehrfurcht und Ergebung. Hochmut, Hass und Neid verschwinden aus ihm. Man kontrolliert sich selbst und zieht sich zur Rechenschaft.

Weitet sich die Furcht auf den Körper aus, lässt der Diener von den Sünden ab und bereitet sich auf die Zukunft vor, indem er mit Gottesdiensten verbunden ist.[33]

---

33 Gazali'den Vaazlar, S.620-621.

Ein Muslim hält keinen Abstand zu der Gottesfurcht

Allah, der Erhabene gibt den Gottesfürchtigen in drei Versen frohe Botschaften wie Segen, Wissen und Zufriedenheit. Diese Verse sind Beweise für die Tugendhaftigkeit der Gottesfurcht.

In Ihrer Inschrift war Rechtleitung und Gnade für diejenigen, die vor ihrem Herrn Ehrfurcht empfinden. (Al-A'raf, 154)

Allah fand Gefallen an ihnen und sie sind zufrieden mit ihm. Dies ist für denjenigen, der seinen Herrn Ehrfurcht erweist. (Al-Bayyinah, 8)

Allah gegenüber Ehrfurcht haben unter Seinen Dienern nur die Wissenden. (Fatir, 28)

„Alles, was auf die Vorzüglichkeit des Wissens hinweist, ist auch ein Zeichen der der Gottesfurcht. Denn die Gottesfurcht ist das Ergebnis des Wissens."[34]

Diejenigen, die sich vor der Bestrafung Allahs in Sicherheit sehen, sind Pharaonen, Unwissende und Schwachsinnige.

Muadh bin Jabal sagte:

„Die Gottesfurcht des Muslim schwindet nicht, bis er die Höllenbrücke überquert hat."

Die Selbstkontrolle (Al-Muraqabah)

Und Er ist mit euch, wo ihr seid. Und Allah ist dessen, was ihr tut, allsehend. (Al Hadid, 4)

Die Muslime müssen von klein auf lernen und ihr Leben lang spüren, dass Allah alles Offenkundige und Verborgene

34 Kimya-yi Saadet, S. 654, 649.

sieht, hört und weiß und dass sie bei all ihren Handlungen von Allah beobachtet und geprüft werden.

Al Muraqabah bedeutet mit all seiner Kraft an denjenigen zu denken, der einen beobachtet (*Al-Muraqib*).

Der Gesandte Allahs sagte:

„Diene Allah so, als wenn du Ihn siehst! Denn auch wenn du Ihn nicht siehst, so sieht Er dich."

Die Selbstkontrolle bei den gottesdienstlichen Handlungen bedeutet, auf die Aufrichtigkeit und deren Bedingungen acht zu geben und sie vor Krankheiten zu bewahren.

Die Selbstkontrolle in der Auflehnung gegen Allah ist es zu bereuen, zu büßen und von den Sünden abzulassen.

Die Selbstkontrolle bei dem Zulässigen (*Mubah*) ist es die Anstandsregeln zu beachten.

Sich zur Rechenschaft ziehen
(Al-Muhasabah)

Ihr, die den Iman verinnerlicht habt! Handelt Taqwah gemäß Allah gegenüber, und eine Seele soll danach schauen, was sie für morgen vorausschickte! (Al-Hashr, 18)

Dieser Vers deutet darauf hin, dass man sich für begangene Taten zur Rechenschaft ziehen soll.

Von *Maymun bin Mihran* wird überliefert:

„Solange der Diener sich nicht selber mehr zur Rechenschaft zieht als seinen Partner, so kann er keiner von den Gottesfürchtigen (Muttaqi) werden! Weil sogar Partner miteinander abrechnen, nachdem sie ein Geschäft getätigt haben."

Diejenigen, die Verstand besitzen und den Iman an Allah und den jüngsten Tag verinnerlicht haben, ziehen sich zur Rechenschaft bevor sie zur Rechenschaft gezogen werden.

Das Danken und Loben
(Ash-Shukr wal Hamd)

Ash-Shukr bedeutet Allah für seine Gaben Dank zu zeigen.

Ash Shukr ist eine wertvolle Stufe. Die Dankenden werden im Quran und den *Ahadith* ge-lobt.

Und Wir werden die Dankbaren belohnen. (Ali-'Imran, 145)

Im Quran wird erwähnt, dass das Ziel des Teufels den Menschen von Dankbarkeit abzuhalten, ist:

Er sagte: „Und weil Du mich (durch diese Prüfung) hast abirren lassen, werde ich ihnen auf Deinem geraden Weg auflauern, dann werde ich ihnen von vorne, von hinten, von ihrer Rechten und von ihrer Linken entgegenkommen. Dann wirst Du die meisten von ihnen als Undankbare finden." (Al-A'raf, 16-17)

Wenn man den Wert einer Gabe erkennt und dankbar dafür ist, wird die Gabe ansteigen.

Und (erinnert euch daran), als euer Herr nachdrücklich ankündigen ließ: „Wenn ihr euch dankbar erweist, so werde Ich euch noch mehr geben." (Ibrahim, 7)

Gaben nennt man Dinge, die man aus weltlichem Interesse nutzt und nutzen möchte. Die wahre Gabe ist die Glückseligkeit im Jenseits. Aus diesem Grund ist es sehr zutreffend, wenn man alle Ursachen und Hilfen, die einen der Glückseligkeit im

Jenseits näher bringen, nennt. Denn diese Ursachen lassen einen wahre Gaben erhalten.[35]

Die Stufen des Dankes

Der Dank der Kenntnis ist es zu wissen, dass alle Gaben von Allah sind.

„Der Dank der Taten geschieht durch das Herz, die Zunge und den Körper. Der Dank mit dem Herzen ist, dass man sich für jedermann Gutes wünscht und auf keinen neidisch ist. Der mit der Zunge ist Allah in jeder Situation dankbar zu sein, indem man „Alhamdulillah" sagt usw.

Der Dank mit dem Körper ist zu wissen, dass alle Körperteile eine Gabe von Allah sind und dass man sie dort einsetzt, wofür sie erschaffen wurden.

Sie wurden alle für das Jenseits geschaffen. Unser Herr erwartet von uns, dass wir sie für das Jenseits benutzen. Wenn wir seine Gaben bei den Sachen einsetzen, die er liebt und verlangt, dann sind wir dankbar."[36] (20)

Alle gottesdienstlichen Handlungen sind Teile der Dankbarkeit. Der Mensch soll Allah dankbar sein und Ihn preisen, wenn er in Segensfülle lebt. So aber auch, wenn er sich in Not befindet oder von Unheil getroffen wird.

In allem, was Allah bestimmt und auswählt ist Weisheit verborgen

Es gibt genug Diener, für welche es besser ist, dass sie arm und krank sind. Würden sie reich und gesund sein, so würden

35 Ihya-yi Ulum-id Din, Bd.8, S.502.

36 Kimya-yi Saadet, S.621-622.

sie sich gegen Allah auflehnen. Und es gibt genug Diener, für die es besser ist, dass sie reich und gesund sind, denn wären sie arm und krank, so würden sie sich gegen Allah auflehnen.

Außer dem *Kufr* und Sünden kann in Schwierigkeiten viel Gutes verborgen sein, welches wir aber nicht wissen. Allah, der Erhabene, weiß besser als wir, was für uns gut ist.

Für jede schwierige Prüfung soll man aus fünf Gründen Allah preisen.

Erstens:

Die Prüfungen, die den Körper oder weltliche Angelegenheiten betreffen und dem Jenseits nicht schaden.

Jemand sagte zu *Sahl Tustari*: *„Ein Dieb ist bei mir eingebrochen und stahl mein Gut."*

Sahl antwortete*: „ Und was machst du, wenn der Teufel in dein Herz kommt und deinen Iman stiehlt?"*

Zweitens:

Es gibt immer eine noch schlimmere Prüfung und Krankheit. Also es gibt noch schlimmere Taten als die, die einem widerfuhr..

Drittens:

Jede Bestrafung, die auf das Jenseits verschoben wird, ist härter als im Diesseits. Die Prü-fungen sind eine Buße für unsere Sünden. Wenn man keine Sünden mehr hat, wird man auch nicht bestraft.

Viertens:

Im *Lawhul Mahfudh* wurde diese Prüfung für denjenigen bereits aufgeschrieben. Darum soll man dankbar sein und Allah preisen, wenn diese Prüfung vorüber gegangen ist.

Fünftens:

Eine Prüfung verursacht, dass man aus zwei Aspekten im Jenseits belohnt wird. Der erste Aspekt ist, dass man eine große Belohnung erhält, wenn man dankbar und geduldig mit einer Prüfung umgeht. Der Zweite ist, dass der Ursprung der Sünden der Aufbau zur Nähe des Weltlichen ist. Wer auf dieser Welt mit schwierigen Prüfungen konfrontiert wird, dessen Herz kühlt dem Weltlichen gegenüber ab.

Eine Ursache dafür, dass die Menschen mangelhaft bei der Dankbarkeit sind, ist, dass sie die Vielfalt der Gaben Allahs nicht richtig erkennen. Ein anderer Grund ist, dass, wenn sie eine Gabe erhalten, diese nicht als solche erkennen.

Die Geduld
(As-Sabr)

Die Geduld ist eine große Tugend. Geduld bedeutet Schmerzen zu ertragen und Situationen auszuhalten, die einem seelisch und körperlich schwer fallen, ohne in Panik zu verfallen. Zur Geduld zählt auch, wenn man sich selber beherrscht und sich vor den Dingen fernhält, die dem Islam und dem Verstand widersprechen. Ohne Geduld kann man keine Pflichten erfüllen und keine Sünden unterlassen. Die Geduld ist den Menschen vorbehalten. Die Helfer der Din sind die Engel und die Helfer der Gelüste sind die Teufel. Wenn die Kraft der Din den Gelüsten standhält und standhaft bleibt, dann nennt man dies auch Geduld. Wenn jemand dauernd mit seinen Gelüsten kämpft, dann nennt man es *Jihadun-Nafs*. Also bedeutet Geduld der Widerstand der Kraft und Bemühung der Din gegen die Kraft der Gelüste.

Allah teilt uns die Geduld in mehr als siebzig Versen mit.

Und Wir werden denjenigen, die sich in Geduld übten, gewiss ihre Belohnung vergelten mit Besserem als das, was sie zu tun pflegten. (An-Nahl, 96)

Nach einer Überlieferung offenbarte Allah *Dawud*:

„Eigne dir Meinen Charakter an. Ohne Zweifel einer meiner Eigenschaften ist, dass Ich sehr geduldig bin."

Man soll für das Wohlergehen dankbar, mit Schwierigkeiten geduldig und mit dem *Qada'*zufrieden sein.

Jederzeit benötigt man die Geduld

Der Diener wird jederzeit mit Situationen, die ihm zusagen oder nicht , konfrontiert. In beiden Situationen braucht er Geduld. Die Dinge, die seinen Wünschen entsprechen sind Güter, Gaben, Ämter/Instanzen, Gesundheit, Frau und Kinder usw. In keiner Situation ist die Geduld wichtiger, als in diesen, denn wenn sich jemand nicht kontrollieren kann und diesen Gaben verfällt, so hat er seine Grenzen überschritten und übertreibt. Schließlich sagt man, dass jeder Schwierigkeiten aushalten kann, aber nicht jeder das Wohlergehen - außer den treuesten Dienern Allahs-. Wenn die *Ashab* viel an Gütern und Gaben hatten, sagten sie: *„ In der Zeit, in der wir in Schwierigkeiten waren, war es leichter geduldig zu sein, als in dieser Zeit voller Reichtum und Güter."* Darum heißt es in einem Vers: ***„Eure Reichtümer und Kinder sind wahrlich nur eine Versuchung." (At-Taghabun, 15)***

Geduldig mit dem Reichtum zu sein ist schwierig. Auch wenn der Reichtum nicht die Ursache für Sünden ist, so ist die Zahl der Reichen, die den Sünden verfallen sind nicht grad wenig und dies sollte einem *Muslim* zu denken geben. Man soll reich sein, aber wie *Abu Bakr* und *Uthman*. Die Geduld mit den Gaben ist es sich nicht über sie zu freuen und sein Herz nicht an sie zu verlieren und zu wissen, dass sie schnell vergänglich sind.

Der *Muslim* beschäftigt sich mit der Dankbarkeit Allah gegenüber für Reichtum, Gesundheit und anderen Gaben. Und bei jeder dieser Gaben benötigt man Geduld.

Der Muslim muss sich in der Geduld üben

Ibn Abbas sagte:

„Die Geduld im Quran ist in drei Arten aufgeteilt:

1. Die Geduld bei der Ausführung der Befehle Allahs. Es gibt dreihundert Stufen für diese Art.

2. Die Geduld mit den Verboten Allahs. Es gibt sechshundert Stufen für diese.

3. Die Geduld im ersten Moment, wenn das Unheil einen trifft. Es gibt neunhundert Stufen da-für."

Alles, was uns kränkt und uns verunsichert, ist für uns eine Prüfung.

Es gibt wenige, viele, kleine und große Prüfungen.

Ibn Mubarak sagte:

„Das Unheil ist eins. Ist man jedoch nicht geduldig, so wird es zu zwei. Eins von diesen beiden ist ein großes Unheil. Das große Unheil ist, dass denjenigen die Belohnung für Geduld entgeht, die nicht geduldig mit dem Unheil umgehen. Und das Unheil, für welches keine Geduld aufgebracht wurde, ist ein kleines Unheil."

„Ohne Zweifel gefällt keinem Menschen das Unheil. Dies liegt nicht in seiner Hand. Nur durch klagen, übertriebene Beschwerde, zeigen der Traurigkeit, Veränderung von Ess,- Schlaf,- und

Kleidergewohnheiten degradiert man sich von der Stufe der Geduldigen. Obwohl diese Dinge in der eigenen Hand liegen. Es ist notwendig, dass der Mensch zufrieden mit der Al-Qadar ist und dass er bei seinen Gewohnheiten bleibt.“[37]

Der Gesandte Allahs sagte:

„Es ist eine gottesdienstliche Handlung, wenn man aus Geduld darauf wartet, sich zu freu-en.“ [38]

In einem anderen *Hadith* heißt es:

„Wenn einem Muslim ein Problem, Schmerz, Gedanke oder Leid trifft und wenn er auf dem Weg Allahs von einem Dorn gestochen wird, so verdeckt Allah die Fehler des Muslims.“

Solche Situationen sind eine Buße für die Sünden eines Muslims. Alles, was einem Muslim Schwierigkeiten bereitet, ist eine *Imtihan*/Prüfung.[39]

Geduld mit den Prüfungen zu haben ist eine reich belohnte Tat.

Ibrahim Hakki sagte in seinem berühmten Gedicht:

„Für Angelegenheiten, die von Allah kommen,
lohnt sich keine Trauer und Verwirrung.
Allah macht, was Er will,
so werden wir schon sehen, was Er tun wird.
Und das, was Er macht, macht Er schön.“

Fudayl bin Iyad sagte:

„Allah prüft den Diener mit Iman durch Musibah/Unheil. So, wie jemand seine Familie im Guten überprüft.“

Luqman Hakim warnte seinen Sohn:

„Oh Sohn! Gold wird mit Feuer getestet. Und ein frommer Diener durch Musibah oder Prüfungen, sei vorsichtig!“

---

37 Ihya-yi Ulum-id Din, Bd.8, S.5, 422.
38 Ihya-yi Ulum-id Din, Bd.8, S.417.
39 Kuran-i Kerim'in Türkce Meali Alisi ve Tefsiri, Ö. Nasuhi Bilmen, Bd.1, S.149.

Das Vertrauen auf Allah

(At-Tawakkul)

Das Wort *Tawakkul* stammt von dem Wort *Wakalah* ab, was so viel wie Vollmacht oder *Tawakkul* seine Angelegenheiten jemandem anvertrauen bedeutet

Allah befiehlt jedem den *Tawakkul.*

Und Allah gegenüber sollt ihr Tawakkul üben, wenn ihr Muslim seid. (Al-Maida, 23)

Tawakkul ist ein Gefühl/Sinn im Herzen. Man erreicht es, indem man den Iman und den *Tawhid* verinnerlicht, dass Allah viel Huld und Gnade besitzt. Dieser Zustand tritt ein, wenn das Herz auf den *Wakil*/Vertreter vertraut, an Ihn glaubt und mit Ihm zufrieden ist.

Wer den Vers ***„Unser Genüge ist Allah, und ein herrlicher Beschützer ist Er.“*** richtig verstanden hat, der vertraut auf die Huld Allahs und nicht den Ursachen und sagt: *„Allah behandelt mich, wie es Seiner Gewaltigkeit und Bermherzigkeit gebührt.“* Einige glauben daran, aber sie verspüren innerlich Angst und Hoffnungslosigkeit.

Viele glauben an etwas und wenn sie glauben, folgen sie nicht diesem Glauben und verfallen in Einbildung und Fantasie. Auch wenn sie wissen, dass es falsch ist, so schaffen sie es nicht, sie zu besiegen. Zum Beispiel schlafen einige nicht mit einem Toten in einem Zimmer, obwohl sie wissen, dass er sich nicht bewegt.

Für den *Tawakkul* benötigt man einen starken Iman und ein starkes Herz. Vertraut man nicht absolut ist der *Tawakkul* mangelhaft, denn *Tawakkul* bedeutet, dass das Herz bei jeder Angelegenheit auf Allah vertraut.

Derjenige, der den *Tawakkul* übt, hält bei all seinen Angelegenheiten an den von Allah aufgestellten Regeln (*Adatullah*), den Ursachen fest. Jedoch lässt er nicht vom *Tawakkul* ab und verlässt sich nicht auf seine eigene Arbeit, sondern auf die Güte, die Huld und die Gnade Allahs. Er erwartet, dass Allah ihn zu seinem Ziel bringt, nachdem er an den Ursachen festhielt. Er klammert sich an den Gründen fest, aber weiß, dass das, was ihn erreicht, von Allah stammt. Das ist die Bedeutung dieses Verses der *Suratul Kahf*:

„Und Allah ist über alles allvermögend." (Al-Kahf, 45)

Abu Bakr verschloss mit seinen gesegneten Füßen das Schlangenloch und wurde vor ihr geschützt. Und sein *Tawakkul* war außergewöhnlich, denn er hatte keine Angst vor der Schlange.

Er fürchtete sich nur davor, dass der Schöpfer der Schlange ihr Kraft gibt und sie zum Bewegen bringt. Er wusste, dass Kraft und Bewegung von Allah kommen bzw. erschaffen sind.

Es gibt auch welche, die den *Tawakkul* missverstehen

Es gibt genug Menschen, die denken, dass *Tawakkul* die Dinge ihrem Lauf zu überlassen und seine *Iradah*/Entscheidungskraft nicht einzusetzen, nichts unternehmen um Geld zu verdienen, nicht zu sparen, sich nicht vor Schlangen, Skorpionen und Löwen zu schützen, keine Medikamente zu benutzen, wenn man krank ist, den Islam, den Din und die *Shariah* nicht zu erlernen, sich nicht vor den Feinden des Din zu schützen, bedeutet. Den *Tawakkul* so zu verstehen ist absolut falsch, denn der *er* ein Befehl der *Shariah* ist. Was mit der *Shariah* nicht übereinstimmt ist kein *Tawakkul*.

Bei Angelegenheiten, die an Ursachen gebunden sind, von den Ursachen loszulassen ist kein *Tawakkul*. Mit Wissen und

Zustand/Taten soll man *Tawakkul* üben. Zum Beispiel zu sagen, dass Allah mich satt macht ohne zu essen, ist kein *Tawakkul* sondern schlicht schwachsinnig.

Der *Tawakkul* mit dem Wissen ist es die Ursachen zu kennen, die einen von der Hungrigkeit befreien, und zu wissen, dass Allah sie erschafft, also die Hand, die Zähne, den Magen, das Essen usw. Der *Tawakkul* des Zustandes ist es mit dem Herzen auf die Gnade Allahs, die Hand, den Mund und die Gesundheit zu vertrauen. Die Hand kann auf einmal gelähmt werden und man kann abrupt krank werden.

Der Mensch verschließt seine Tür. Er soll es natürlich auch... Aber er soll nicht dem Schloss vertrauen, denn es ist weit verbreitet, dass Diebe Schlösser aufbrechen.

Eines Tages kam ein Bauer zu dem Gesandten Allahs und sagte:

„Ich habe mein Kamel sich selbst überlassen und übe Tawakkul."

Der Gesandte Allahs sagte:

„Binde es fest und übe dann Tawakkul."

Man muss die Gesetze und Regeln Allahs befolgen.

Das Nachsinnen
(At-Tafakkur)

Der *Tafakkur*, was Nachdenken, das Gedächtnis bezüglich einer Sache anzustrengen bedeutet, ist ein sehr wichtiges Thema im Islam, denn wer nicht über die Gesetze, Verbote und Ratschläge des Islam nachdenkt, wer sein Gedächtnis für alles im Universum nicht anstrengt und wer nicht die Ereignisse durch das Gedankensieb laufen lässt, wird die Vorzüglichkeit des Islam nicht begreifen können.

Der *Tafakkur* wird in an verschiedenen Stellen im Quran befohlen und diejenigen, die nicht über die Schöpfung Allahs nachdenken, werden kritisiert. In folgendem Vers weist Allah auf die wahren Besitzer von Verstand hin:

Gewiss, in der Schöpfung der Himmel und der Erde und in der Verschiedenheit von Nacht und Tag sind zweifelsohne Ayat/Zeichen für die Verständigen. Diejenigen, die ALLAH im Stehen, im Sitzen und liegend auf ihren Seiten gedenken und über die Schöpfung der Himmel und der Erde nachdenken: „Unser HERR, DU hast dies nicht umsonst erschaffen, gepriesen-erhaben bist Du, so bewahre uns vor der Peinigung des Feuers! (Ali-Imran, 190-191)

Der Gesandte Allahs sagte:

„Eine Stunde Tafakkur ist besser als tausende Jahre gottesdienstliche Handlungen.“

Würden die Menschen über die Gewaltigkeit Allahs nachdenken, würden sie sich nicht gegen Ihn auflehnen.

Ibn Abbas erzählte:

Ein Volk vertiefte sich im Nachsinnen über das Wesen Allahs. Der Gesandte Allahs sagte zu ihnen:

„Denkt über die Geschöpfe Allahs nach, aber nicht über sein Wesen, denn ihr seid nicht imstande dazu, Allah so zu begreifen, wie es ihm gebührt.“ [40]

Die Gedanken sind der Schlüssel und der Anfang der guten Dinge. Die Früchte, die man durch das Denken erntet, sind Wissen und Gotteserkenntnis/ *Ma'rifah*. Entwickelt sich Wissen im Herzen, so verändert sich auch der Zustand des Herzen.

---

40 Gazali'den Vaazlar, S. 678.

Und wenn sich sein r Zustand verändert, formen sich die Taten der Organe um.[41]

Alles Dasein außer Allah ist eine Handlung und ein Geschöpf von Allah

In jedem Atom dieses Universums sind erstaunende Besonderheiten und Wunder vorhanden. Die Weisheit, die Herrschaft, die Allgewalt und Gewaltigkeit Allahs kommen durch sie zum Vorschein. Sie alle zu zählen ist unmöglich.

Das Universum ist so weit, dass man seine Grenzen nicht sehen kann, aber nichts ist außerhalb von dem Wissen Allahs. Wenn über Universum gesprochen wird, soll einem nicht nur das All einfallen, das wir sehen. Es gibt auch die Welten der Engel und *Jinn*, die wir nicht sehen. All diese sind neben dem Satz *„Allahu Akbar"* sehr gering, denn der Schöpfer und Verwalter des Universums ist Allah. Der *Tafakkur* soll einen zum wahren Iman und frommen Taten führen. Das Universum ist eine göttliche Galerie und der Hinweis auf die Existenz Allahs. Der Quran ist der immerwährende Wegweiser. Darum ist die Auswirkung des Qurans auf die Seele unbegrenzt. Der eigentliche *Tafakkur* ist vom Unrecht zum Recht zu gelangen.

Es gibt keine gottesdienstliche Handlung wie den *Tafakkur*.

Den Menschen eine Freude bereiten

Der Gesandte Allahs sagte:

„Wenn der Muslim seinem Bruder begegnet und ihm eine Freude macht, die dem Wohlgefallen Allahs entspricht, dann

41 Gazali'den Vaazlar, S.678.

wird Allah diesem am Tage der Wiederauferstehung eine Freude bereiten.“

Es gibt genug erlaubte Handlungen, womit sich die Muslime eine Freude bereiten können wie zum Beispiel durch tröstende Nähe, aufrichtigen Besuch, schöne Worte, Lächeln, Opferbereitschaft, Decken eines einfachen Bedürfnisses oder Freundschaft vom Herzen.

Schöne Worte sind für den Menschen ein Reichtum. Freundliches Sprechen verursacht bei vielen Menschen gute Laune.

Die Vergebung
(Al-'Afw)

Al Afw bedeutet Fehler zu verzeihen und aus freiem Willen auf ein Recht zu verzichten, was einem zusteht.[42] Bei einem Sünder bedeutet es, aus Gnade von der Strafe abzulassen, die er eigentlich verdient.

So verzeihe in guter Verzeihung! (Al-Hijr, 85)

Allah rät denjenigen, denen Unrecht widerfahren ist, ihrem Widersacher zu verzeihen, auch wenn er in der Lage ist, sein Recht einzufordern.

Ein gottesfürchtiger Muslim ist verzeihend. Er verzichtet darauf, wenn er Rechte wie *Qisas*/Vergeltung und *Diyat* anderen gegenüber besitzt. Der Islam rät demjenigen, dem Unrecht widerfahren ist, nicht auf gleiche Weise seinen Gelüsten zu erliegen und auf die gleiche Weise mit Unrecht zu walten. Es gibt eine große Belohnung dafür, wenn man eine Schuld verzeiht.

42 Ahmet Rifat, Tasvir-i Ahlak, S.37

Und die Vergeltung für eine Schlechtigkeit ist eine ähnliche Schlechtigkeit. Und wer ver-ziehen und sich versöhnt hat, so obliegt dessen Belohnung Allah. Gewiss, Er liebt nicht die Unrecht-Begehenden. (Ash-Shura, 40)

Ein Mensch kann nicht im Namen eines anderen verzeihen, sondern nur Ungerechtigkeiten, die ihm selber widerfahren sind.

Wird das Schlechte mit Gutem vergolten, so gewinnt man Herzen und die Menschen kommen einander näher. Das Schlechte mit Gutem und dem Schönsten zu vergelten ist eine Angelegenheit der großen Persönlichkeiten.

Demütige Menschen sagen *„Frieden sei mit euch"*, wenn sie aus Unwissenheit beleidigt werden. Sie handeln nach dem Befehl Allahs diesbezüglich:

Und die Diener Des Allgnade Erweisenden sind diejenigen, die auf der Erde in Bescheiden-heit gehen, und wenn die Unwissenden sie belästigen, sagen sie: „Friede (sei mit euch)!". (Al-Furqan, 63)

Imam Ghazali sagte:

„Es ist nicht erlaubt, dass Personen, denen Unrecht widerfahren ist, dieses mit ähnlichem erwidern. Zum Beispiel: Lästern mit Lästern, Spionieren mit Spionieren, Beschimpfung mit Beschimpfung zu erwidern ist nicht rechtmäßig. Für andere Sünden gilt das Gleiche. Qisas/Vergeltung und Bestrafung werden in dem Maß ausgeführt, wie Allah es bestimmt hat."

Es ist im Islam erlaubt seinen Widersacher zu erwidern, nur nicht auf verbotene Weise

„Aber zu schweigen und nicht darauf zu antworten ist eine schönere Verhaltensweise, denn dies ist einfacher als mit der

Antwort anzufangen. Und bei der Antwort muss man sich in dem Rahmen der Shariah bewegen.“ [43]

Unsere Mutter *Aisha* überliefert, dass der Gesandte Allahs sagte:

> ***„Wer denjenigen verflucht, der einem Unrecht tat, hat sein Recht von ihm schon bekommen und seiner Verfluchung/ Verdammung entsprechend verliert er sein Recht bei dem Ungerechten.“***

> *Anas* erzählt:
>
> *Der Gesandte Allahs sagte zu uns:*
>
> ***„Es wird ein Rufer am Tag der Auferstehung, wenn die Diener vor Allah stehen, folgendes verkünden:***
>
> ***Wer bei Allah Belohnung hat, soll aufstehen und ins Paradies eintreten.“***
>
> Jemand der Anwesenden fragte den Gesandten Allahs:
>
> *„Wer hat denn Belohnung bei Allah?“*
>
> Der Gesandte Allahs antwortete:
>
> ***„Diejenigen, die den Menschen verzeihen. Tausende werden aufstehen und werden ins Paradies eintreten ohne zur Rechenschaft gezogen zu werden.“*** [44]

Im Islam ist es erforderlich, dass man sich für eine Schuld entschuldigt, damit einem vergeben wird. Allgemein nennt man dies *Tawbah*. Ansonsten wird die Schuld einem nicht erlassen. Allah vergab *Adam* und *Hawwa,* weil sie sich entschuldigten und er vergab dem Teufel nicht, weil er sich nicht entschuldigt hatte.

Gewöhnt ein Mensch sich daran, nachsichtig und verzeihend zu sein, so wird diese gute Eigenschaft zu seinem Charakter. Auf diese Weise lebt man entfernt von Rachsucht und Wut.

---

43 Ihya-yi Ulum-id Din, Bd.7, S.54.

44 Ihya-yi Ulum-id Din, Bd. 7, S. 54.

Lächelnden Gesichtes sein

Der Islam spornt schon immer seine Anhänger dazu an, ein lächelndes Gesicht zu haben und andere Geschöpfe gut zu behandeln.

Der Gesandte Allahs sagte:

„Betrachte nichts vom Guten als geringwertig, auch wenn man seinen Bruder nur mit einem lächelnden Gesicht begegnet." [45]

Abdullah bin Haris sagte:

„Ich sah niemanden mehr lächeln als den Gesandten Allahs."

In einem Hadith heißt es:

„Es gilt als Almose / Sadaqah mit den Menschen gut auszukommen / die Menschen freundlich zu behandeln." [46]

Dass ein Muslim im diesseitigen Leben nachsichtig ist, kann ihn vielleicht an seinem schwierigsten Tag retten.

Allah segnet denjenigen, der nachsichtig ist, wenn er kauft, verkauft und urteilt.

Barmherzig sein

Barmherzigkeit bedeutet von Herzen Erbarmen mit den Zuständen der Hilflosen zu haben und den Willen/Wunsch zu hegen, ihnen zu helfen. Ein bewusster Muslim ist barmherzig.

In einem Hadith heißt es:

„Sei barmherzig mit denen auf Erden, damit die im Himmel mit dir barmherzig sind."

---

45 Müslüman Sahsiyeti, S. 174.

46 Büyük Islam Ilmihali, S.649.

Im Islam ist die Barmherzigkeit so allgemein, dass sie alle Menschen einschließt.

Abu Musa Al Ashari erzählt:

Der Gesandte Allahs sagte:

„Solange ihr untereinander nicht barmherzig seid, habt ihr keinen vollkommeenn Iman."

Die Ashab sagten:

„Oh Gesandter Allahs! Wir sind alle barmherzig."

Darauf sagte Er:

„Die eigentliche Barmherzigkeit ist nicht, dass ihr mit euren Freunden barmherzig seid. Wahre Barmherzigkeit ist mit allen Menschen barmherzig zu sein."

Omar wollte *Aqra bin Habis* als Statthalter für die Muslime einsetzen. Als er jedoch erfuhr, dass er keine Kinder küsst, sagte er:

„Wenn du sogar nicht mit Kindern barmherzig bist, wie willst du barmherzig mit den Menschen sein? Wallahi ich setze dich nicht als Statthalter ein!"

Er zerriss den Einsatzbefehl, den er in Händen hielt.

Der Gesandte Allahs ging sehr barmherzig mit Menschen und Tieren um.

Der Gesandte Allahs rastete einmal an einem Ort. Zu dieser Zeit begann ein Vogel mit seinen Flügeln um seinen Kopf herum zu schlagen. Als wenn sie sich bei dem Gesandten Allahs beschweren würde und Zuflucht suchen würde, als wenn ihr Unrecht getan wurde und ihr Ei genommen wurde.

Der Gesandte Allahs fragte:

„Wer tat dem Vogel wegen des Eies weh?"

Jemand antwortete:

„Oh Gesandter Allahs! Ich nahm es."

Der Gesandte Allahs sagte:

„Leg es an seinen Platz!"

Die Sanftmütigkeit
(Al- Hilm)

Sanftmütigkeit bedeutet besonnen zu handeln, wenn die Wut einen ergreift und darauf zu verzichten, jemanden zu bestrafen oder sich an ihm zu rächen, obwohl man die Möglichkeit besitzt.

Der Mensch soll besonnen handeln im Falle der Wut, er muss lernen, sie zu kontrollieren und sich in der Zeit mit der Sanftmut ausstatten. Und darum sagt man im deutschen Volksmund: *„Sanftmut macht alles gut."*

Die Sanftmut weist auf die Reife des Verstandes *(Al-Aql)* hin. Sanftmut bedeutet die Zerschlagung der Wut und die Aufgabe der Wut gegenüber dem Verstand.

Eine sanftmütige Person erlangt die Liebe von Allah.

Die Sanftmut ist der Schmuck des Gesandten Allahs und das, was er von seiner *Ummah* er-wartet.

Der Gesandte Allahs betete für gewöhnlich folgendermaßen:

„Oh Allah! Bereichere mich mit Wissen, schmücke mich mit Sanftmut, schenke mir Taqwah, und verschönere mich durch Gesundheit und Wohlergehen!"

Die Sanftmut erhöht die Stufen.

Sie steht dem Wissen nahe.

In einem Hadith heißt es:

„Bittet um Wissen, Würde und Sanftmut. Wenn ihr lehrt und lernt, verbessert euren Charakter und seid sanftmütig; seid nicht von den hochmütigen Gelehrten, die ihre Grenze überschreiten, sonst wird euer Unwissen eure Sanftmütigkeit besiegen."

Isa ging an einer Gruppe von Juden vorbei. Sie beschimpften *Isa*. *Isa* antwortete ihnen mit schönen und guten Wörtern. Die mit ihm zusammen waren, fragten ihn:

„Sie reden schlimm und du gut? Wie geht das?"

Isa antwortete:

„Jeder gibt von dem Reichtum aus, den man dabei hat."

Der Enkel von *Imam Ali, Imam Zaynul-Abidin*, der Sohn von *Imam Hussayn* ging eines Tages raus zur Moschee. Auf dem Weg beschimpfte ihn jemand auf übelste Weise. Seine Begleiter wollten eingreifen. Er hielt sie davon ab, drehte sich zu dem Mann um und sagte:

„Oh Mann! Ich bin sogar noch ein schlechterer Mensch, als du sagst. Das, was du von mir nicht weißt, ist mehr als das, was du über mich weißt. Wenn du das Bedürfnis hast auch diese zu erfahren, dann kann ich sie dir mitteilen."

Danach zog *Imam Zaynal-Abidin* seinen mit Borten verzierten Kaftan aus und schenkte ihn dem Mann. Der Mann war über das Verhalten von *Imam Zaynal-Abidin* verwundert und schämte sich. Er äußerte sein Lob:

„Ich bezeuge, dass dieser Jugendliche der Enkel des Gesandten Allahs ist!"

Durch dieses Verhalten verursachte *Imam Zaynal-Abidin* fünf gute Dinge.

1. Er war sanftmütig anstatt wütend.
2. Er beseitigte eine Schikane.

3. Er rettete einen Muslim davor, dass er sich von Allah entfernt.
4. Er spornte ihn zur *Tawbah* an.
5. Er ließ dem Mann keine andere Wahl, als ihn zu loben.

Und *Imam Zaynal-Abidin* erreichte dies alles durch wenige weltliche Gaben.

Dass der Beschreiter des sanftmütigen Weges jedes Unrecht akzeptiert und zulässt, dass man ihn peinigt ist verwerflich. Diese übertriebene Sanftmütigkeit erhöht den Mut der Schlechten und der Feinde.

Die Mildherzigkeit
(Ash-Shafqah)

Bei den Muslimen spielt die Befolgung der Gesetze Allahs, Respekt und Mildherzigkeit gegenüber den Geschöpfen, eine große Rolle. Die Mildherzigkeit ist ein Zustand der Seele, welche aus Barmherzigkeit gemischt mit Furcht entsteht. Sie entwickelt sich, wenn andere nicht erfreuliche Situationen erleben oder erleben werden. Die Mildherzigkeit ist eine deutliche Eigenschaft von Menschen mit reinem Herzen.

Wer sanftmütig und mildherzig handelt für den ist das Feuer verboten.

In einem Hadith heißt es:

„Wisst ihr, wer am Tag der Auferstehung nicht in die Hölle eintreten wird? Alle, die es anderen erleichtern, der Sanftmütige und der Warmherzige werden nicht in die Hölle eintreten. Also wer diese Eigenschaften besitzt, den wird das Feuer nicht verbrennen können."

Wer der Mildherzigkeit und der Sanftmütigkeit beraubt ist, der ist von allem Guten beraubt.

Die Mildherzigkeit verbirgt Heil.

Es wird von *Aisha* überliefert:

*Wir waren mit dem Gesandten Allahs zusammen auf einer Reise. Ich war auf einem störrischen Kamel. Das Kamel schleuderte mich nach rechts und links. Der Gesandte Allahs sagte: **„Oh Aisha! Sei mildtätig zu dem Kamel, denn ist die Mildherzigkeit bei den Angelegenheiten mit dabei, so verschönert sie diese. Und ist die Mildherzigkeit nicht dabei, so sind die abscheulich."*** [47]

Imam Ghazali sagte:

„Ein vollkommener Muslim ist derjenige, der die Stellen der Wut und der Mildherzigkeit gut unterscheiden kann und der jeder Angelegenheit ihr Recht gibt. Wenn jemand nicht weitsichtig ist oder wenn das Urteil eines Ereignisses einem zweifelhaft vorkommt, dann sollte man sich der Mildherzigkeit zuwenden. Denn die größte Rettung ist in der Mildherzigkeit."

Die Weichheit
(Ar-Rifq)

Ar-Rifq bedeutet die Weichheit, die Feinfühligkeit. *Ar-Rifq* ist eine Eigenschaft von Allah.

Die Weichheit ist eine gute Eigenschaft, die Allah bei seinen Dienern sehen möchte. Die Menschen lehnen von Natur aus Grobheit und Unfreundlichkeit ab.

Ein Prediger kam zu *Ma'mun* und sagte ein paar verletzende Wörter. *Ma'mun* antwortete ihm:

---

47 Ihya-yi Ulum-id Din, Bd.7, S.74.

„Oh Mann! Sei ein wenig weicher! Weißt du nicht, dass Allah Musa und Harun, die besser sind als du, zu dem Pharao schickte, der schlimmer war als ich, folgendes riet:

Dann sagt ihm ein mildes Wort, damit er sich erinnert oder sich fürchtet." (Ta-Ha, 44)

Da der Islam nur durch Mildherzigkeit und Weichheit in die Herzen der Menschen eindringen kann, müssen sich diejenigen, die zum Islam einladen, dieses Prinzip zur Richtlinie machen.

Das Übertünchen
(Satrul-Uyub)

Der Islam brachte ein charakterliches System, in dem die Menschen daran gehindert werden über andere oder über deren Ehre zu reden. Ein Muslim versucht stets innerhalb der Gemeinschaft die Fehler der anderen zu verdecken. Eine Gruppe kam zu *Uqbah bin Amir* und fragte:

„Wir haben Nachbarn, die Alkohol trinken und sündigen, sollen wir sie dem Kalifen mel-den?"

Uqbah antwortete:

„Nein, ich hörte den Gesandten Allahs sagen:

Wer den Fehler seines muslimischen Bruders sieht und sie verdeckt ist so, als wenn er jemanden zum Leben erweckt, der lebendig begraben worden war." [48]

In einer *Hadtih* heißt es:

„Wenn du die Fehler und Vergehen der Menschen untersuchst, so erregst du sie und stürzt sie in Unruhe."

48 Müslüman Sahsiyeti, S. 185.

Wenn die Vergehen des Schlechten öffentlich gemacht werden, hat er keine Furcht mehr und fängt an offenkundig Schlechtes zu tun.

Die Beziehungen der Muslime wiederherstellen

Die Lüge ist im Islam eine der meist verpöntesten Eigenschaften. Aber damit sich Muslime wieder vertragen, wurde es erlaubt zu lügen. Der Gesandte Allahs sagte:

„Wer zwei Leute vereint oder Gutes sagt und das Gute anhebt ist kein Lügner."[49] (32)

Die vorzüglichste Almose/*Sadaqah* ist es, Muslime zu versöhnen.[50] (33)

Den Menschen nützlich sein und sie vor dem Schädlichen bewahren

Ein Muslim, der eine islamische Erziehung genossen hat, versucht bei jeder Gelegenheit den Menschen in der Gemeinschaft Gutes zu tun.

...und tut gottgefällig Gutes, damit ihr erfolgreich werdet. (Al-Hajj, 77)

Unwichtig wer es befolgt oder nicht, wer tagsüber oder nachts zu welcher Uhrzeit auch immer das Bedürfnis eines Bruders deckt, ist besser für ihn als zwei Monate *I'tikaf*.

49 Ihya-yi Ulum-id Din, Bd. 6, S. 483.
50 Ihya-yi Ulum-id Din, Bd. 4, S. 530.

Ein Muslim hilft seinem Bruder, gleichgültig ob dieser unterdrückt oder unterdrückerisch ist.

Der Gesandte Allahs wurde gefragt:

„Wie kann man seinem Bruder helfen, wenn er ungerecht ist?"

Er antwortete:

„Man hilft ihm, indem man ihn daran hindert, ungerecht zu sein."

Ein Muslim, der seine Din verstanden hat, weiß, dass ihm für jeden Schritt auf dem Weg des Guten und des Wohlgefallen Allahs Belohnung gutgeschrieben wird.

Es ist eine Almose Sadaqah zwei Personen gerecht zu versöhnen. Jemandem bei seinem Fahrzeug oder bei Lasten tragen helfen, ist eine *Sadaqah*. Schöne Worte sind eine *Sadaqah*. Jeder Schritt zum Gebet ist eine Sadaqah. Störfaktoren vom Weg zu beseitigen ist eine *Sadaqah*.

Der Segen und die Belohnung Allahs sind reichlich.

Im Islam ist der Bereich des Guten umfangreich

Der Gesandte Allahs sagte:

„Alles Gute ist eine Sadaqah."

Schöne Worte sind eine *Sadaqah*. Die Sprache ist das Schöne am Menschen.

Die besten in der islamischen Gemeinschaft sind die, von denen man Gutes erwarten kann und von deren Gefahren man geschützt ist.

Denjenigen, die den Menschen nicht dienlich sind, obwohl sie dazu in der Lage sind, wird damit gedroht, dass sie ihre Gabe verlieren.

Der Gesandte Allahs sagte:

„Wenn Menschen ein Bedürfnis bei einem Diener haben, dem Allah eine Gabe gegeben und vervollständigt hat, und wenn dieser ihre Anliegen verwehrt, dann wird seine Gabe ohne Zweifel verschwinden.“

Erleichtern und nicht erschweren

Allah wünscht sich für seine Diener Erleichterung:

Allah will für euch Erleichterung; doch Er will für euch keine Erschwernis. (Al-Baqarah, 185)

Die Aussagen des Gesandten Allahs spornen zur Erleichterung an und verbieten die Erschwernis.

Der Gesandte Allahs sagte:

„Lehret, erleichtert und erschweret nicht! Wenn jemand von euch wütend wird, soll er schweigen.“

Unsere Mutter *Aisha* erzählt von dem Gesandten Allahs:

„Wenn der Gesandte Allahs sich zwischen zwei Dingen entscheiden konnte, dann wählte er das Leichtere, wenn es keine Sünde war. Wenn eine Sünde vorhanden war, dann war er der Erste, der sich davor hütete. Außer der Rache für Allah, wenn die Gesetze Allahs verletzt wurden, nahm der Gesandte Allahs nie für sich selber Rache.“

Dem Verschuldeten Aufschub gewähren, bis es ihm finanziell besser geht

Gewährt ein Muslim einen bei ihm Verschuldeten Aufschub oder er erlässt ihm seine Schulden, dann werden solche guten Taten bei Allah nicht verloren gehen.

In einem Hadith heißt es:

„Wer möchte, dass Allah ihn am Tag des Jüngsten Gerichtes aus seinen Schwierigkeiten befreit, der möge einem in Not geratenen Verschuldeten Aufschub gewähren oder ihm seine Schulden erlassen.“ [51]

Ein Mann gab den Menschen Schulden und sagte zu seinem Diener:

„Verzeihe denen die in Not sind, vielleicht vergibt uns Allah.“

Er begegnete seinem Herrn, und Allah vergab ihm.[52]

Genügsam sein
(Al-Qana'ah)

Die Genügsamkeit ist eine Eigenschaft, welche ihren Besitzer erhöht. Genügsamkeit bedeutet das Auge nicht auf den Gaben der Anderen zu haben, zufrieden zu sein mit dem, was man hat und in herzlicher Ruhe zu leben.

In der Genügsamkeit ist Freiheit und Ehre enthalten.

Allah weist auf die Verbindung zwischen Genügsamkeit und *Tawakkul* hin:

Und wer Taqwah gemäß Allah gegenüber handelt, für den macht Er einen Ausweg und gewährt ihm Rizq von da, womit er nicht rechnet. Und wer Allah gegenüber Tawakkul übt, so genügt Er ihm. (At-Talaq, 2-3)

Der Reichtum liegt nicht in der Fülle der Güter, sondern im Herzen.

51 Müslüman Sahsiyeti, S. 259.
52 Müslüman Sahsiyeti, S. 260.

Die Wohltat lieben

Alle Güter und jeder Nutzen, den der Islam als korrekt bezeichnet, sind Wohltaten. Sie sind eine Gnade von Allah. Jede gute Tat, die das Wohlgefallen Allahs zu verdienen verursacht, ist eine Wohltat.

Der Wohltäter wünscht sich, dass jemand nützliche Gaben behält und wenn sie vergangen sind, so wünscht er sich, dass er sie von neuem bekommt. Wohltäter bedeutet das Gute erbitten und den Gedanken zu tragen, den Menschen Gutes zu tun.

Wohltäter bedeutet das Gute allen anderen Dingen vorzuziehen. Gutes zu wünschen ist eine Notwendigkeit *(Wajib)*.

Wohltätigkeit stammt von der Reinheit der Seele. Wohltätige Einrichtungen sind Ergebnisse von ihr.

Sie ist eine Verhaltensweise der gottesfürchtigen Muslime.

Die Tugendhaftigkeit des Schweigens

Die Gefahr der Zunge ist gewaltig. Man kann sich vor ihrer Gefahr nur durch Schweigen hüten.

Die Vorschriften Allahs loben das Schweigen.

Der Gesandte Allahs sagte diesbezüglich:

„Soll ich euch die leichteste und angenehmste Ibadah für den Körper verraten? Schweigen und guter Charakter.“ [53]

Hasan Basri sagte uns das erwähnt wird, dass der Gesandte Allahs sagte:

53 Ihya-yi Ulum-id Din, Bd. 6, S. 382.

„Allah soll mit dem Diener zufrieden sein, der durch Reden Beute macht oder durch Schweigen Heil findet.“ [54]

Die Jünger baten *Isa*:

„Lehre uns etwas, wodurch wir ins Paradies kommen.“

„Redet nie.“

„Das schaffen wir nicht.“

Isa antwortete:

„Dann redet nur Gutes.“

Der Gesandte Allahs sagte:

„Bewirte den Hungrigen! Verpflege den Durstigen! Gewähre das Gute! Verbiete das Schlechte! Wenn du das nicht schaffst, schweige außer im Guten.“ [55]

Die Zunge des *Muslim* ist hinter seinem Herz. Wenn er reden möchte, denkt er vorher mit seinem Herzen nach und redet dann.

Die Zunge des *Munafiq* ist vor seinem Herzen. Wenn er etwas sagt, denkt er vorher nicht darüber nach.

Hasan Basri sagte:

„Wer seine Zunge nicht hüten kann, hat seine Din nicht wahrhaftig erkannt.“

Man soll Schweigen wenn es notwendig ist

„Die Tugendhaftigkeit des Schweigens rührt von der Vielfalt der Krankheiten und des Schadens der Zunge. Falsches Tun, Lügen, Lästern, Anschuldigung, Augendienerei, schlechtes Reden, Streiten, Rechthaberei, im Unrecht versinken, sinnloses Reden, die Wahrheit verändern, die Wahrheit mangelhaft wiedergeben oder

54 Ihya-yi Ulum-id Din, Bd. 6, S. 383.

55 Ihya-yi Ulum-id Din, Bd. 6, S. 384.

der Wahrheit etwas hinzufügen, die Menschen peinigen oder die Ehre der Menschen angreifen sind alles Krankheiten der Zunge und werden durch sie begangen."

Diese Krankheiten drehen sich um die Zunge, sie sind keine Belastung für sie und dem Herz gefällt es. Die Natur des Menschen und die Zuflüsterungen des Teufels spornen dazu an. Wer einmal von diesen Krankheiten befallen ist, kann sich nicht mehr so leicht von ihnen retten. Bei diesen Dingen, die er liebt, lässt er seiner Zunge freien Lauf, jedoch kann er seine Zunge bei Dingen, die ihm nicht gefallen, zügeln. Diese Krankheiten beherbergen große Gefahren für den Menschen. Das Heil liegt im Schweigen. Darum ist die Tugendhaftigkeit des Schweigens so gewaltig. Durch das Schweigen benutzt man seinen Verstand. Im Schweigen liegt Ehrfurcht/Selbstachtung, Nachdenken, *Dhikr* und innere Ruhe für gottesdienstliche Handlungen. Es liegt Rettung vor der Rechenschaft im Jenseits und vor Lästerei im Diesseits im Schweigen.

Der Gesandte Allahs sagte:

„Wer schweigt wird gerettet."

Geheimnisse aufbewahren

Geheimnisse, die nicht offenkundig werden sollen, können einer Person gehören oder auch einer Person von anderen anvertraut werden. Die Wichtigkeit der beiden Arten von Geheimnissen ist gleich.

Imam Ali:

„Das Geheimnis ist dein Gefangener. Wenn du es entblößt in dem du es jemandem erzählst, bist du sein Gefangener."

Die Herzen sind die Behälter der Geheimnisse, die Lippen sind die Schlösser der Behälter und die Zungen sind die Schlüssel. Also muss jeder den Schlüssel des Geheimnisses verstecken.

Die Herzen der guten Menschen sind ein Friedhof von Geheimnissen. So wie die Toten auf dem Friedhof verborgen sind, sind auch die Geheimnisse in den Herzen dieser Menschen leise und verborgen.

Hasan Basri sagte:

„ Das Geheimnis eines Freundes auszuplaudern, ist Verrat."

Alles, was man im Leben weiß, sagt man nicht. Manche Dinge müssen eben verborgen bleiben. Besonders sensible Themen, wie das Eheleben, darf man anderen nicht mitteilen.

Der Gesandte Allahs warnte die Muslim:

„Am Tag der Auferstehung ist der Schlimmste unter den Menschen bei Allah derjenige, der die Geheimnisse seines Ehepartners verbreitete." [56]

Ein Geheimnis aufzubewahren zeigt die Stärke der Persönlichkeit.

„Wenn sich jemand beim Reden umschaut, bedeutet dieses Verhalten, dass das Gesprochene ein anvertrautes Gut bei den Zuhörern ist."[57]

Die Wahrheit sprechen

Im Quran heißt es:

Und sag Meinen Dienern, dass sie das bessere (Wort) sagen. (Al-Isra, 53)

56 Müslüman Sahsiyeti, S. 183.
57 Ihya-yi Ulum-id Din, Bd. 6, S. 463./-

Shaykh Sa'di Shirazi sagte:

„Zwei Dinge weisen auf einen schwachen Verstand hin, schweigen, wenn es nötig ist zu reden und zu reden, wenn es gilt zu schweigen."[58]

Der Stolz des Islam Pazdawi sagte:

„Bezüglich der Wahrheit zu schweigen ist verboten." [59]

Viele Verse aus dem Quran und Aussagen des Gesandten Allahs teilen uns offensichtlich mit, dass wir damit beauftragt sind, die Wahrheit zu sprechen und Ratschläge zu geben.

Das Gute gebieten und das Schlechte verwehren

Allah gebietet im Quran:

Und unter euch soll eine Ummah sein, die zum Guten einlädt, zum Gebilligten aufruft und vom Missbilligten abrät. Und diese sind die wirklichen Erfolgreichen. (Ali-Imran, 104)

Allah beauftragt alle Muslime mit dieser wichtigen Aufgabe. Wenn die Muslim jedoch eine Gemeinschaft materiell, geistlich, gedanklich unterstützen und diese führt diese Aufgabe korrekt aus, dann sind sie von dieser Aufgabe zu einem bestimmten Maße befreit.

Trotzdem hat jeder Muslim seinen Möglichkeiten entsprechend die Tabligh/Aufruf Aufgabe zu erfüllen.

Wer das Gute verursacht bekommt die gleiche Belohnung wie der, der sie praktiziert.

In einem Hadith heißt es:

---

58 Gülistan, S.14.

59 Prof.Dr. M. Ebu Zehra, Ebu Hanife, S. 397.

„Wer von euch etwas Verbotenes sieht, soll es mit seiner Hand beseitigen, ist er nicht dazu in der Lage, dann soll er es mit seiner Zunge ändern. Ist er auch dazu nicht in der Lage, soll er es mit seinem Herzen ablehnen. Und dies ist die schwächste Stufe des Iman."

In dieser Hadith wird ausdrücklich verdeutlicht, dass es für jeden Muslim eine Notwendigkeit (Wajib) ist, das Gute zu gebieten und das Schlechte zu verwehren. Die meisten Gelehrten erklären es so. Einige Gelehrte jedoch sagen, dass mit der Hand beseitigen für die Herrscher, mit der Zunge ändern für die Gelehrten und die Traurigkeit und der Zorn von Herzen für das Volk gilt und erforderlich ist (Wajib).

Den Tabligh mit Methodik ausführen

Wenn ein Muslim das Gute gebietet und Schlechte verwehrt, geht er verständnisvoll, vorsichtig und bedacht und mit Reife an die Sache ran, denn er weiß, wie er sich den Menschen nähert.

Allah gebietet all seinen Dienern in der Person des Gesandten Allahs:

Mache Da'wa/Lade ein zum Weg deines Herrn mit Weisheit und schöner Ermahnung, und disputiere mit ihnen auf die beste Art. (An-Nahl, 125)

Der Da'i/Prediger muss sich vor hasserregenden, schlechten und zornerregenden Verhaltens-weisen hüten.

Abdullah ibn Masud predigte an Donnerstagen. Jemand sagte zu ihm:

„Ich würde es begrüßen, wenn du uns jeden Tag predigst."

Er antwortete:

„Ich mache dies nicht, damit ihr es nicht Leid habt. Da der Gesandte Allahs fürchtete, dass wir es Leid haben werden, gab er uns zu bestimmten Zeiten Ratschläge und ich erteile sie auch nur zu bestimmten Zeiten."

Besonders wenn in der Gemeinschaft, zu der man redet, alte, bedürftige und kranke Menschen sind, soll man ihre Situation bedenken und dementsprechend die Redezeit gestalten. Eine andere Sache, die der Muslim beachten sollte ist, dass das was man sagt, von den Zuhörern auch verstanden wird.

Unsere Mutter Aisha sagte:

Die Wörter des Gesandten Allahs waren so deutlich und begreiflich, dass jeder Zuhörer ihn verstand.

Der Muslim begnügt sich nicht nur mit seiner und mit der Rechtleitung seines Umfeldes, er bemüht sich für die Belehrung der ganzen Menschheit.

Und darum lädt er die Menschen zur Wahrheit ein, wenn er die Möglichkeit dazu hat.

Der Gesandte Allahs sagte:

Wer von mir etwas hört und es so weitergibt, wie er es hört, dessen Gesicht möge Allah erleuchten. Es wird gehofft, dass das verbreitete Wort besser verstanden wird als der Zuhörer.

Ein Muslim darf nicht von der Da'wa Tätigkeit ablassen und wenig Wissen als Grund dafür angeben. Im Gegenteil er macht Da'wa mit dem, was er eiß.

Der Gesandte Allahs befahl seiner Ashab:

Auch wenn es nur ein Vers ist, verbreitet ihn!

Durch ein schönes Wort die Saat der Rechtleitung in das Herz von jemand zu säen ist für einen Muslim wertvoller als alles andere.

Fürbitte einlegen

Fürbitte bedeutet unter anderem Vermittler, Referenz, Begünstigung usw. So wie man Fürbitte für Gute einlegen kann, kann man es auch für Schlechte.

Fürbitte bedeutet für Schuldige und Bedürftige Bitte/Ersuchen.

Allah gebietet im Quran:

Wer eine gottgefällig gute Fürbitte einlegt, hat daran Anteil. Und wer für etwas Verwerfliches Fürbitte einlegt, hat daran Anteil. Und Allah bleibt immer über alles über-wachend. (An-Nisa, 85)

Imam Ali sagte:

„Wer Fürbitte einlegt, ist der Flügel desjenigen, der ein Anliegen hat."

Ibn Omar überliefert, dass er vom Gesandten Allahs hörte:

Wessen Fürbitte die Umsetzung der Grenzen Allahs (Hududullah) behindert, widersetzt sich ohne Zweifel dem Urteil Allahs.

Es gibt verschiedene Arten der Fürbitte auf dem schlechten Weg:

„Eins von denen ist, wenn man jemanden als Imam, Muadhdhin, Quranlehrer vermittelt, obwohl dieser nicht dazu geeignet ist und es sind Personen vorhanden, die qualifizierter sind. Die Ursache für so eine Fürbitte kann Unwissenheit, Gier, die Schwäche Verwandte und Bekannte zu lieben und schützen, sein.

Eine der Ursachen ist, dass man sich vor den Menschen schämt und Angst hat von ihnen kritisiert zu werden, wenn man keine Fürbitte einlegt. Obwohl die Scham vor Allah, dem Schöpfer, dem Geber der Gaben, der Macht über Nutzen und Schaden besitzt, steht an erster Stelle. Angst vor Feinden, Befürchtung das Ämter oder lohnreiche Versorgung verloren gehen, führen auch zur Fürbitte bei schlechten Dingen. Man sollte sich vor Allah fürchten."

Die Anwendung der Gerechtigkeit

Allah gebietet im Quran:

Gewiss, Allah gebietet euch, dass ihr die euch anvertrauten Dinge ihren Besitzern zurück-gebt, und wenn ihr unter den Menschen richtet, dass ihr mit Gerechtigkeit richtet. (An-Nisa, 58)

Ein Muslim lässt nicht vom Rechten ab. Egal wie die Bedingungen auch aussehen mögen, er waltet mit Gerechtigkeit.

Dieses Verständnis von Gerechtigkeit ist auf sensiblen Richtlinien aufgebaut, welche nicht durch Gefühle wie übertriebene Liebe, Hass oder Familienbande beeinflusst werden dürfen.

Der Qadi Shurayh setzte den Kalifen Imam Ali und den Juden, der seine Rüstung klaute, nebeneinander hin und verlangte von Imam Ali einen Beweis, dass dieser Jude seine Rüstung entwendet hatte. Als Imam Ali keinen Beweis vorbringen konnte, urteilte Qadi Shurayh gegen den Kalifen Imam Ali und für den Juden.

Für einen frommen Diener ist Hab und Gut etwas Gutes

Allah gab in mehreren Versen den Gütern den Namen „Gutes":

...versorgt euch mit Vermögensgütern und Kindern, lässt Dschannat für euch wachsen und lässt Flüsse für euch fließen. (Nuh, 12)

Der Gesandte Allahs sagte in einer berühmten Hadith:

Wie schön frommes Gut in der Hand eines Frommen doch ist.

In einer anderen Hadith heißt es:

Die Armut wäre fast zu Kufr geworden.

Dass das Gut in den Versen und Aussagen des Gesandten Allahs einmal kritisiert und einmal gelobt wird, ist kein Widerspruch. Die Bedeutung in diesen Versen und Aussagen ist auf den Gebrauch der Güter konzentriert. Wahrscheinlich kann das Gut die Ursache des Guten und Bösen zugleich sein.

Diejenigen, die Weitsicht besitzen und zwischen Gut und Böse unterscheiden können, begreifen den Unterschied zwischen den Kategorien, wo das Gut gelobt und kritisiert wird.

Wer die Gefahren und den Nutzen des Gutes kennt, hütet sich vor dem Bösen des Gutes und erwirbt das Gute.

Der Nutzen des Gutes teilt sich in zwei Kategorien: weltlicher und religiöser Nutzen

Der weltliche Nutzen ist Jedermann bekannt. Wem es materiell gut geht, lebt bequem auf dieser Welt und ist errettet vor der Besorgnis der Armut.

Den religiösen Nutzen können wir in drei Gruppen sammeln.

Erstens: Gibt Jemand sein Hab und Gut für gottesdienstliche Handlungen oder Angelegenheiten, die den gottesdienstlichen Handlungen helfen, dann hat er sich dem Guten zugewandt. Das Gut, das für Hajj und Jihad ausgegeben wird genauso. Wer finanziell nicht stark ist, ist von diesen gottesdienstlichen Handlungen beraubt/ausgeschlossen.

Zweitens: Das Gut was an das Volk ausgegeben wird und diese sind vier Arten.

-Sadaqah/ Almosen: Ihre Belohnung und ihr Nutzen für die Gemeinschaft sind allerseits bekannt.

-Die Großzügigkeit, die Bewirtung, die Weichherzigkeit: Anderen helfen und Essen verteilen. Durch diese Tugenden vergrößert man seinen Bekanntenkreis, aber man darf es nur ohne hochmütig zu werden aufrichtig für Allah machen.

Die Ehre beschützen: Es verhindern, dass die Unzüchtigen beleidigen, über andere herziehen und Böses begehen, indem man ihnen Gut gibt.

Der Gesandte Allahs sagte:

Für das Gut, durch welches der Mu'nin die Ehre bewahrt, wird ihm eine Sadaqah/ Almose Belohnung gutgeschrieben.

Durch ein wenig Gut oder ähnliches wird der Lästerer vor der Sünden des Lästerns bewahrt und man ist sicher vor dem Reden der Feinde.

-Der Lohn: Das Arbeiten, das Erschlaffen, das Schwitzen ist schön und wird gelobt.

Trotzdem kann jemand seine finanziellen Möglichkeiten dazu benutzen um andere Menschen als Arbeiter zu beschäftigen, wenn ihn diese körperlichen Tätigkeiten von größeren Nutzen und Angelegenheiten abhalten. Denn die körperlichen Arbeiten sind ein Hindernis für Wissen, Taten, Dhikr und Nachsinnen. Es ist unmöglich, dass ein anderer für jemanden Dhikr macht.

Drittens: Mit dem Gut kann man allgemein Gutes tun wie Moscheen und Brücken bauen etc. Man kann mit dem Gut Altenheime und andere wohltätige Einrichtungen bauen...Dies sind immerwährende gute Taten. Auch nach dem Tod währen diesen guten Taten.

Das Gut hat auch anderen weltlichen Nutzen wie Beseitigung von Bettlern, Beleidigung der Armen, Erwerb von Ansehen unter den Menschen, Vermehrung von Freunden und Helfern, Entstehung von Güte und Selbstachtung in den Herzen einem selbst gegenüber.[60]

Die Wahrhaftigkeit/Die Treue

(*As-Sidq*)

Im Quran heißt es:

Und unter den Muslim sind Männer, die wahrhaftig waren dem gegenüber, was sie Allah gelobten. (Al-Ahzab, 23)

As Sidq bedeutet Wahrhaftigkeit. Die Wahrhaftigkeit können wir folgend zusammenfassen.

Wahrhaftigkeit mit der Zunge: die Person lügt nie, ob bei aktuellen oder vergangenen Ereignisse oder sei es bei Versprechungen.

Wahrhaftigkeit bei der Absicht: Wahrhaftig ist ein Muslim, wenn er eine gottesdienstliche Handlung beabsichtigt und nur nach dem Wohlgefallen Allahs trachtet.

Wahrhaftigkeit bei den Vorsätzen: Wahrhaftig ist derjenige, der dauernd die Kraft hat, sich Gutes vorzunehmen. Schließlich zeigte Omar seinen Vorsatz für das Gute und die Taten, indem er sagte:

„Es ist mir lieber, dass ich geköpft werde, als Herrscher über ein Volk zu sein, worin sich Abu Bakr befindet."

Eine wahrhaftige Person, die Statthalter ist, gibt sein Amt weiter, wenn jemand auftaucht, der besser regiert als er selbst.

-Die Taten sollen dem Herzen eine Eigenschaft geben. Zum Beispiel, wenn jemand ganz lang-sam würdevoll geht, aber diese Würde nicht in seinem Herzen ist, ist er nicht wahrhaftig.

---

60 Ihya-yi Ulum-id Din, Bd. 7, S. 240-247.

Die Wahrhaftigkeit muss offenkundig und verborgen verinnerlicht werden.

Der Gesandte Allahs betete:

„Ya Rabbi / Oh Herr! Mache mein Inneres besser als mein Äußeres und mache mein Äußeres sehr gut!"

-Die Eigenschaften, die einen Muslim vollkommen Muslimmachen, müssen in Wort und Tat umgesetzt werden und diese Eigenschaften muss man in seinem eigenen Leben auf die beste und einflussreichte Art und Weise praktizieren. Jeder Muslim besitzt ein wenig von Eigenschaften wie Weltentsagendes Leben (Zuhd), Gottesfurcht (Taqwah), Liebe (Muhabbah), Gottesvertrauen (Tawakkul), Furcht (khawf), Hoffnung (Raja'), Zufriedenheit (riza) und Lust (Shawq). Stärkt er diese, so wird er wahrhaftig.

Wer bei diesen fünf Angelegenheiten wahrhaftig ist und die höchsten Stufen erreicht, wird Siddiq/Wahrhaftigste genannt. Wer bei manch diesen Eigenschaften vertrauenswürdig ist, wird nicht Siddiq genannt. Seine Stufe ist entsprechend seiner Wahrhaftigkeit. Es ist eine Besonderheit des Muslims, dass er in Wort und Tat glaubwürdig ist.

Die Demut

Die Demut ist ein Gefühl, welches auf dem Prinzip der Erkenntnis der Gewaltigkeit Allahs und der Erkenntnis der eigenen Unzulänglichkeit basiert. Die Demut erhöht einen.

Die Mutter der Muslime Aisha sagte:

„Kennt ihr die tugendhafteste gottesdienstliche Handlung? Es ist die Demut."

Jemand der großen Persönlichkeiten sah Imam Ali in seinem Traum und sagte:

„Gebt mir einen Ratschlag."

Imam Ali sagte:

„Welche große Tat ist gewaltiger um im Jenseits Belohnung zu erlangen, als die Demut der Reichen gegenüber den Armen. Welche Tat ist schöner als der Hochmut der Armen, die auf die Gnade Allahs vertrauen, in der Gegenwart der Reichen."

Der Gesandte Allahs sagte:

Es gibt keinen der demütig ist, dessen Stufe von Allah nicht erhöht wird.[61]

Hasan Basri sagte:

„Demut bedeutet, wenn du aus dem Haus gehst Jeden, den du siehst vorzüglicher zu be-trachten als dich selbst."

Ein Wort der großen Persönlichkeiten besagt:

„Wer demütig ist, wird von Allah erhöht und wer hochmütig ist, dessen Gesicht wird Allah auf dem Boden schleifen."

Der Islam fördert die Demut, aber er hält die Muslime auch davon ab, dass sie durch übertriebene Demut der Minderwertigkeit verfallen.

Bittgebete sprechen
(*Ad-Dua*)

Dua bedeutet linguistisch gesehen Gottesdienst/Ibadah, sein Haupt vor Allah zu beugen, ihn um Gutes zu bitten um Schlechtes und Schwierigkeiten abzuwenden.

61 Müslüman Sahsiyeti, S. 197.

Allah befiehlt im Quran, dass wir Bittgebete sprechen:

Und euer Herr sagte: „Richtet an Mich Bittgebete, erhöre Ich euch! Gewiss, diejenigen, die sich in Arroganz über Mein Dienen erheben, werden doch noch in Dschahannam in Erniedrigung eintreten." (Ghafir, 60)

Die Mufassirun sagen in dem Tafsir dieses Verses:

„Mit Bittgebeten sind hier gottesdienstliche Handlungen gemeint. Daraus schließt man, dass Bittgebete eine Art Gottesdienst wie Beten und Fasten sind."

Der Diener erwirbt ohne Zweifel durch Dua eines der folgenden Dinge:

-Entweder eine verziehene Sünde

-etwas Gutes im Diesseits

-oder Gutes im Jenseits.

Die Bittgebete in den Versen und den Aussagen des Gesandten Allahs sind die schönsten Bittgebete. Die Muslime sollten sie erlernen und mit ihnen Bittgebete halten. Es gibt für jedes Ereignis, dem man in Leben begegnen kann, eine Dua des Gesandten Allahs.

Wie soll man Bittgebete sprechen

Abu Sulayman Darani sagte:

„ Wer von Allah etwas erbittet, soll zuerst Salawat / Friedensgrüße über den Propheten sprechen, dann soll er um sein Bedürfnis bitten und mit Salawat soll er seine Dua beenden, denn die Salawat am Anfang und am Enden anzuerkennen und das Bedürfnis in der Mitte nicht, passt nicht zu der Güte Allahs."[62]

Wessen Bittgebete sind anerkannt?

Die Dua von gerechten Herrschern und Unterdrückten werden nicht abgewiesen. Die Dua derjenigen, die in Schwierigkeiten

62 Ihya-yi Ulum-id Din, Bd. 3, S. 129-135.

stecken, der Frommen, der Awliya, der Gäste, der Fastenden zum Zeitpunkt des Fastenbrechens, derer, die ihre Eltern nicht kränken, des Vaters für den Sohn, besonders wenn er ihn verflucht, der Bereuenden, der Konvertiten, des Muslims in der Abwesenheit seines muslimischen Bruders, sind anerkannte Bittgebete.

Es wird gesagt, dass die Bittgebete derjenigen, die gütig zu einem sind und besonders die Bittgebete und Verfluchungen der Lehrer, schnell anerkannt werden. Auch die Dua eines Kranken wird rasch erhört.

Es wird gesagt, ohne dass es definitiv feststeht, dass wenn eine Ruhe während oder nach dem Bittgebet eintritt, wenn man niest, der Körper zittert oder wenn man beruhigt ist, als wenn eine Last von einem gegangen ist, dass dies ein Anzeichen der Anerkennung der Dua sei.

Furcht vor dem Ende - ohne Iman zu sterben - zu haben

Die größte Furcht der Muslime ist die Furcht ohne Iman zu sterben.

Wer sich wegen der Sünden vor Allah fürchtet, könnte sich denken, warum er denn Allah fürchten soll, wenn er nicht sündigt. Die große Furcht ist die Furcht vor dem ewigen Urteil, ob man in der Ewigkeit von den Glückseligen oder von den Verlierern/ Shakawah geschrieben wurde. Die Leute der Weitsicht fürchten sich vor dem Ausgang der Dinge, denn der Gesandte Allahs sagte:

„Ich schwöre bei Allah, neben dem es keine rechtmäßigen Götter gibt, dass es unter euch einen Mann gibt, der die Taten der Paradiesbewohner macht bis nur noch eine Elle zwischen ihm und dem Paradies ist. Das ewige Urteil des

Buches triumphiert und er begeht die Taten der Höllenbewohner und kommt in die Hölle."

Die Awliya und Arifin dieser Ummah sind bekannt dafür, wie wichtig für sie der Ausgang bzw. das Sterben mit Iman war. Es war ihre größte Befürchtung, welche sie nicht einen Augenblick los ließ, sie vertrauten nicht auf ihre schönen Taten, Anstrengungen und Bemühungen, sie ließen sich nicht von den guten Gedanken der Menschen über sie täuschen und erinnerten sich stets an diese Hadith fürchteten sich und zitterten.

Abu Hurayra überliefert, dass der Gesandte Allahs sagte:

„Keiner von euch wird durch seine Taten gerettet."

Seine Ashab fragte:

„Auch du nicht oh Gesandter Allahs?"

Der Gesandte Allahs antwortete:

„Solang der Segen von Allah mich nicht umfasst, werden meine Taten auch mich nicht retten...Weicht nicht vom Mittelweg ab, wenn ihr der Rechtleitung folgt."

Ein schlechtes Ende bedeutet, dass man ohne Iman stirbt. Auch wenn es viele Ursachen dafür gibt, so ist das Wissen darüber verborgen.

Eine Ursache, die wir kennen, ist, dass man sich eine Aqida aneignet, die eine unrechtmäßige Bidah darstellt und dass man den Rest seines Lebens mit dieser Aqida verbringt. Man denkt nicht daran, dass dies ein Fehler sein kann. Die Wahrheit kommt zum Vorschein, wenn man stirbt. Der Fehler wird einem sogar gezeigt werden. Aus diesem Grund werden auch die anderen Aqidafundamente im Zweifel versinken, denn man vertraut dann seiner Aqida nicht mehr und verfällt dem Zweifel. Diese Gefahr besteht für Leute der Bidah.

Eine andere Ursache ist ein schwacher Iman und eine große Liebe zum Weltlichen und wenig Liebe für Allah. Im Todesfall wird man verstehen, dass die Wünsche und Gelüste einem genommen werden, dass man gezwungen wird von dieser Welt zu gehen und dass man an einen Ort gebracht wird, wo man nicht hin möchte, dadurch steigt die Wut auf Azrail was bedeutet dass man wütend auf Allah wird und die wenige Liebe zu Allah verschwindet ganz aus dem Herzen.

Die Ernsthaftigkeit
(Al Waqar)

Allah gebietet im Quran:

Und mäßige dich beim Gehen, und dämpfe von deiner Stimme! Gewiss, die abscheulichste aller Stimmen ist die Stimme der Esel. (Luqman, 19)

Waqar ist ein Wort, welches reif, ernst und vorsichtig bedeutet. Es ist eine gute Charaktereigenschaft. Waqar ist das Anzeichen von Wissen und Sanftmütigkeit und die Tradition der Frommen. Es ist keine äußerliche Schönheit oder Kleidung, sondern Seelenfrieden und Reife. Durch Waqar schützt man die Erfordernisse von Stellung und Würde.

Ein Mensch erntet die Liebe der Menschen durch Demut und den Respekt durch Ernst-haftigkeit.

Die Scham
(Al-Haya')

Haya' bedeutet sich zu schämen und genieren. Ein Muslim ist schamvoll. Haya bedeutet sich bei verwerflichen Dingen unwohl zu fühlen, mit dem Herzen Bedauern und Schmerz zu fühlen, wenn man mit Ereignissen konfrontiert wird, die gegen den Anstand verstoßen.

Der Gesandte Allahs sagte einmal:

„Seid schamhaft Allah gegenüber, so wie es Ihm gebührt."

Daraufhin sagte seine Ashab:

„Oh Gesandter Allahs! Alhamdulillah, wir schämen uns wirklich vor Allah."

Der Gesandte Allahs erwiderte:

„Nein, das ist keine Scham. Scham gegenüber Allah, wie es ihm gebührt, ist wie folgt: Wer sein Haupt und seine Organe, seinen Magen und die Organe , die er umfasst, hütet, wer den Tod und das Leben im Jenseits möchte, wer auf den weltlichen Schmuck verzichtet und das Jenseits bevorzugt, schämt sich vor Allah, so wie es ihm gebührt." [63]

Sich bei dem Gebieten von Gutem, dem Verwehren von Schlechtem, Tragen von geflickter Kleidung, Abstreifen vom Teller nach dem Essen, die Krümeln vom Tisch und vom Boden aufsammeln, Geben und Erwidern des Grußes mit hörbarer Stimme, Rezitation des Adhan, dem Vorbeten und ähnlich Dingen zu schämen und auf diese zu verzichten, ist nicht gut, denn auf diese Dinge zu verzichten, kommt durch ein schwaches Herz, einen schwachen Iman oder Augendienerei / Riya' und Hochmut. Wenn man diese Dinge damit begründet, dass man sich vor den Menschen schämt, so ist es eine Dreistigkeit Allah und seinem Gesandten gegenüber.[64]

Die Großzügigkeit

Die Großzügigkeit ist eine der schönsten Besonderheiten des Muslims. Großzügigkeit bedeutet sein Hab und Gut abgesehen

63 Tarikat-i Muhammediye, S. 260.

64 Tarikat-i Muhammediye, S. 262.

von den Pflichtausgaben aus religiösen und menschlichen Gründen auszugeben um belohnt zu werden.[65]

Ein Muslim ist großzügig, großherzig, er hilft armen Menschen und beschenkt sie zu verschiedenen Anlässen. Er weiß, dass das, was er gibt, bei Allah verborgen bleibt.

Der Gesandte Allahs zeigte der Großzügigkeit besondere Aufmerksamkeit, damit die Muslime sie verinnerlichen.

In einem Hadith heißt es:

Die Großzügigkeit ist ein Baum der Paradiesbäume. Seine Äste hängen bis zum Boden. Wer einen seiner Äste festhält, den bringt er ins Paradies."[66]

Der Gesandte Allahs wurde von einem seiner Ashab gefragt:

„Oh Gesandter Allahs! Welche Tat ist besser?"

Der Gesandte Allahs antwortet:

„Andere zu sättigen und jeden, den du kennst und nicht kennst, zu grüßen." [67]

Trotz dessen soll die Großzügigkeit den Muslim nicht übertreiben lassen, so dass er sein ganzes Hab und Gut verliert. Er sollte sich nicht in eine Situation leiten, wo er seinen Nachkommen nichts mehr vererben kann.

Die Freunde Allahs/Awliya sind alle großzügig

Ibn Abbas sagte:

„Der Gesandte Allahs war der großzügigste unter den Menschen. Am großzügigsten war er im Ramadan, nachdem er Jabrail begegnet ist. Jabrail kam jede Nacht im Ramadan zu ihm.

---

65 Tarikat-i Muhammediye, S. 219.

66 Ihya-yi Ulum-id Din, Bd. 7, S. 271.

67 Müslüman Sahsiyeti, S. 244.

Der Gesandte Allahs ließ ihn den Quran lesen. In solchen Zeiten war der Gesandte Allahs so großzügig zu allen, wie der Wind."[68]

Der Gesandte Allahs rief seine Ummah dazu auf Sadaqah zu geben, auch in kleinen Mengen:

„Auch wenn es durch ein Stück Datteln ist, schützt euch vor dem Feuer."[69]

Der Islam möchte, dass seine Anhänger großzügig sind und gute Taten verrichten, ob sie nun arm oder reich sind. Für jeden Muslim, so wie es ihm möglich ist, sind die Türen des Guten geöffnet.

Der Gesandte Allahs sagte einmal:

„Jeder Muslim sollte Sadaqah geben."

Seine Ashab fragte:

„ Oh Gesandter Allahs! Und was machen die, die nichts finden?"

„ Sie schaffen mit ihrer Hand, verdienen und geben Sadaqah."

„Und wenn sie diese Möglichkeit nicht haben?"

„Sie helfen den Bedürftigen."

„Und wenn sie das nicht schaffen?"

„Sie sollen Gutes tun und vor dem Schlechten flüchten. Das ist für sie eine Sadaqah."

Der Islam ist realistisch und verlangt von den Muslimen nichts, wozu sie nicht in der Lage wären. Doch gleichgültig in welcher Lage man sich befindet, es wird von einem verlangt, dass man den Muslimen etwas bietet und wenn es nur ein Lächeln ist.

---

68 Müslüman Sahsiyeti, S. 245-246.
69 Müslüman Sahsiyeti, S. 189.

Es gibt arme Menschen, die sich schämen andere um etwas zu bitten. Man muss nach ihnen Ausschau halten und ihre Bedürfnisse decken.

Die Selbstlosigkeit
(Al-Isar)

Isar ist höher als die Großzügigkeit. Der Großzügige gibt ab, was er nicht benötigt, aber Isar bedeutet, das zu geben, was man benötigt.

Allah lobt Imam Ali im Quran, als seine Familie tagelang hungrig war und die wenige Nahrung, die sie noch hatten, den Muslimen gaben:

Und sie bevorzugen andere vor sich selbst, auch dann, wenn sie in Not sind. (Al-Hashr, 9)

Dem Muslim werden seine Sünden vergeben, wenn er nach etwas ein starkes Verlangen hat, aber trotzdem seinen Bruder vorzieht.[70]

Es gibt einige Diener, die Allah bestimmt hat um die Bedürfnisse der Menschen zu decken. Sie sind in Sicherheit vor der göttlichen Bestrafung. [71](54)

Die Anstrengung auf dem Wege Allahs
(Al Jihad fi Sabilillah)

Der Jihad im Islam ist mit seinen Bedingungen, Urteilen und Prinzipien eine Quelle für Segensfülle, Gutes für die ganze Welt und ein Segen für die ganze Menschheit.

70 Ihya-yi Ulum-id Din, Bd. 7, S. 319.
71 Ramuz-el Ehadis, Bd. 1, S. 129.

Der Jihad ist von den Grundlagen und den Besonderheiten des Islam und die liebste Tat des Gesandten Allahs.

Allah gebietet im Quran:

Und führt gegen sie den bewaffneten Kampf, damit es keine Fitna mehr gibt und der Din insgesamt nur für Allah bleibt. (Al-Anfal, 39)

Es gibt verschiedene Arten des Jihad:

Der Jihad mit Gütern: Mit Gütern helfen, damit das Wort Allah am Höchsten ist. Diese Art von Jihad trägt eine sehr wichtige Bedeutung. Der Tabligh, die Wissenschaft, die Politik und andere Aufgaben der Ummah, erfordern materielle Möglichkeiten in besonders großem Maße.

In einem Hadith heißt es:

Wer einen Ghazi/Krieger auf dem Weg Allahs ausrüstet, der hat auch wirklich gekämpft. Und wer die Familie eines Kriegers, der in den Krieg gezogen ist, beschützt und unterstützt, zählt auch zu den Kriegern, die kämpfen.

Der Jihad durch Tabligh bedeutet den Islam durch Vorträge zu verbreiten. Er verwirklicht sich, indem mit Kuffar, Munafiq, Leugnern und Verirrten mit absoluten Beweisen erklärt, dass der Islam der wahre Din ist.

Wer die Menschen zum richtigen Weg einlädt, bekommt die gleiche Belohnung, wie die, die seinem Ruf folgen. Dabei wird die Belohnung derer nicht die ihm folgeleisten.

Jihad durch Bildung verwirklicht sich, indem man seine ganzen Bemühungen der wissenschaftlichen, kulturellen und gedanklichen Entwicklung widmet.

Politischer Jihad bedeutet seine ganzen Anstrengungen der Errichtung eines islamischen Staates, den islamischen

Grundsätzen und den umfassenden allgemeinen Regeln entsprechend, zu widmen.

Der Jihad durch Zusammenstoß: Dies bedeutet sich mit all seinen Bemühungen und Fähigkeiten den Tyrannen zu widersetzen. Unwichtig dabei ist, ob diese Tyrannen in islamischen Ländern oder nichtislamischen Ländern sind, man erhält den Kampf gegen sie aufrecht.

Es gibt vier Stufen des Jihad

- Jihad mit der Triebseele/Nafs
- Jihad mit dem Teufel
- Jihad mit den Kuffar
- Jihad mit den Munafiq.

Der beste Akhlaq bei Allah ist die Vervollständigung dieser vier Stufen.

Ebenso sind diejenigen im Jihad, die ihre Eltern und Kinder pflegen und arbeiten, um nicht von anderen abhängig zu sein.

Drittes Kapitel

Der Muslim ist ein soziales Wesen. Es ist unausweichlich, dass er Verbindungen zu ihnen aufbaut und Umgang mit ihnen pflegt.

Und die Verhaltensweisen des Muslims innerhalb der Gemeinschaft sind auf den von Allah bestimmten sozialen Charakterregeln aufgebaut.

Die Anstandsregeln (Al-Adab)

Das Wort „Adab“ bedeutet linguistisch die Menschen zum Essen einladen und stammt von der Wortwurzel „Adb“ ab. Heutzutage werden die Wörter Akhlaq, Tarbiyyah und Adab als gleichwertig genutzt. Ein Kapitel des Akhlaq ist der Adab. Der Adab ist in zwei Kategorien aufgeteilt. Erstens: Die Regeln des Umgangs angefangen von der Familie bis in jeder Schicht der Gemeinschaft. Zum Beispiel: die Aufgaben der Schüler dem Lehrer, der Kinder den Eltern und Verwandten gegenüber.

Und dann gibt es da noch die Aufgaben des Dieners seinem Herrn gegenüber. Im Islam sind alle Anstandsregeln sehr wichtig.

Im folgenden Absatz werden einige der Anstandsregeln innerhalb der Gemeinschaft vorgestellt.

Die Traditionen den islamischen Maßstäben anpassen

Allah gebietet im Quran:

Und was der Gesandte euch gab, so nehmt es! Und was er euch verbot, so lasst davon ab! (Al-Hashr, 7)

Ein bewusster Muslim achtet immer darauf, ob die Traditionen der Gemeinschaft, in der er sich befindet, mit dem Islam vereinbar sind oder nicht.

Er verzichtet sofort auf die Traditionen, die nicht mit dem Islam vereinbar sind.

Bilder aufhängen, Statuen in den Häusern aufstellen, Hunde im Haus halten–Wachhunde außerhalb der Wohnung sind erlaubt- sind Traditionen, von denen man Abstand halten muss.

Abu Talha überliefert, dass der Gesandte Allahs sagte:

In einem Haus, wo Bilder und Hunde sind, treten keine Engel ein..

Einen Hund zu halten ist verboten, außer Jagdhunde, Hirtenhunde und Wachhunde.

Der Islam verbietet Männern Gold und Seide.

Abu Musa Ashari überliefert, dass der Gesandte Allahs sagte:

Kleidung aus Seide und Gold ist für die Männer meiner Ummah verboten und für die Frauen erlaubt.

Die Frauen, die Gold und Silberschmuck kleiden, dürfen dies keinen fremden Männern zeigen sondern nur denen, denen es erlaubt ist (Mahram).

Eins der schlechten Traditionen, welche noch aus der Zeit der Unwissenheit (Jahiliyyah) stammt, ist, dass die Bewohner eines Viertels, Freunde und Bekannte sich in Häusern oder Salons usw. versammeln, um sich Sänger, Sängerinnen und Bauchtänzerinnen anzusehen. Dass Frauen und Männer gemischt mit Alkoholgläsern anstoßen, dass Kellner mit verschiedenen Alkoholsorten umhergehen und Gesang gespielt wird, der die Triebe weckt, sind unsittliche Handlungen.

Ein Muslim, der die Urteile über Gesang, Tanzen, Alkohol und Vermischung der Geschlechter kennt, nähert sich diesen

Dingen absolut nicht und versucht diese zu verhindern, sofern es in seiner Möglichkeit liegt.

Noch eine schlechte Tradition in der Gesellschaft ist das Weinen und Klagen, nachdem Jemand verstorben ist.

Der Gesandte Allahs sagte:

> ***Wer sich selber schlägt, seine Kleidung zerfetzt und mit dem Ruf aus der Zeit der Jahiliyyah trauert, ist nicht von uns. Weinen kommt von der Barmherzigkeit und das Schreien ist vom Shaytan.***

Abdullah ibn Omar erzählt:

Sa'd bin Ubada wurde krank und hatte Schmerzen. Obwohl Abdurrahman bin Awf bei ihm war, kam Er um nach Sa'd zu fragen. Sa'd bin Abi Waqqas und Ibn Mas'ud gingen hinter Ihm. Als Er hineinkam, lag Sa'd bin Ubada im Koma. Er fragte: „Ist er gestorben?" „ Nein, Oh Gesandter Allahs!", wurde geantwortet. Daraufhin fing der Gesandte Allahs an zu weinen. Als die Anwesenden sahen, dass der Gesandte Allahs weinte, wurden auch sie berührt und fingen an zu weinen. Der Gesandte Allahs sagte zu ihnen:

> ***Hört ihr? Ohne Zweifel, Allah bestraft niemanden wegen Tränen oder Trauer aber durch sie-Er zeigte auf seine Zunge-bestraft Er jemanden oder ist barmherzig. Ohne Zweifel gerät der Tote in Bedrängnis durch das laute Weinen seiner Angehörigen.***

Schwarze Kleidung anzuziehen, um seine Trauer darüber zu zeigen, dass jemand aus dem nahen Umfeld gestorben ist, ist eine Tradition der Christen. Davor sollte man sich hüten.

Eine andere unbewusste Nachahmung ist das Spielen der Totenmusik vor dem Sarg.

Eine andere unbewusste Nachahmung ist, dass man das Foto des Toten auf das Grab legt.

Eine weitere unbewusste Nachahmung ist es Blumensträuße auf den Sarg oder das Grab zu legen. Das ist eine Tradition der Kuffar.

Feuchte Pflanzen ausrupfen oder Bäume an den Gräbern abzuschneiden, ist verpönt (Makruh). Feuchte Pflanzen und Bäume auf den Friedhöfen sind auf eine Art lebendig. Sie loben Allah in ihrer eigenen Sprache und dadurch erhofft man sich, dass der Segen Allahs den dort liegenden toten Muslim erreicht.

Der Gesandte Allahs wurde Zeuge wie zwei Beerdigte bestraft wurden. Er nahm einen feuchten blätterlosen Dattelspross in Seine gesegneten Hände, brach ihn in zwei und pflanzte einen auf das eine Grab und den anderen auf das andere und sagte: ***„Es wird gehofft, dass ihre Bestrafung gemildert wird, bis sie getrocknet sind."***

Aus diesem Grund ist es in manchen Regionen eine Tradition Myrteäste auf das Grab zu legen. In diesem Punkt ist das Wahre feuchte Bäume und Pflanzen zu pflanzen.

Man kann auch ein paar feuchte Stücke der Rose und Quendel auf das Grab legen, aber man darf nicht verschwenderisch sein, indem man viel Geld ausgibt für Pflanzen, die schnell verwelken. Ist so eine Handlung eine Ursache für Nachahmung der Kuffar, so ist es keineswegs erlaubt.[72]

Der Besuch

Ein Muslim ist gastfreundlich. Er begegnet seinem Gast mit lächelndem Gesicht und bewirtet ihn.

Der Gesandte Allahs sagte:

---

72 Büyük Islam Ilmihali, S. 344.

Wer den Iman an Allah und den jüngsten Tag verinnerlicht hat, soll seinen Gast bewirten.

Wer seinen Gast nicht bewirtet, hat nichts vom Guten abbekommen.

Man soll sich nicht davor scheuen, Besuch zu empfangen und man soll seine Gäste bewirten, so wie es einem Möglich ist.

Anas sagte:

„In ein Haus wo keine Gäste eintreten, kommen auch keine Engel rein."

Vor plötzlichen Besuchern soll man sich nicht fürchten. Man bewirtet seine Gäste, mit dem, was man hat und wozu man in der Lage ist und begnügt sich damit, denn der Gesandte Allahs sagte:

Das Essen für eine Person reicht für zwei, das Essen von zwei Personen reicht für vier und das Essen für vier reicht für acht.

Erst nachdem der Hausbesitzer es erlaubt hat und nachdem man seine Lage berücksichtig hat, geht man zu Besuch.

Ein Gast sollte nicht länger als drei Tage zu Besuch bleiben, denn dass der Hausbesitzer es nach drei Tagen Leid hat, sieht man sehr oft und vielleicht kann es auch dazu führen, dass der Hausbesitzer möchte, dass er geht, wenn er länger als drei Tage bleibt.

Wenn der Hausbesitzer aufrichtig darauf beharrt, dass der Gast bleiben soll, dann kann er ruhig länger bleiben.

Der Gesandte Allahs sagte diesbezüglich:

Steckt euch nicht in Schwierigkeiten und Bemühungen wegen eines Gastes, denn wenn ihr es so macht, dann werdet ihr anfangen ihn zu hassen. Obwohl wer sich über seinen Gast beschwert, beschwert sich über Allah und zürnt Ihm.

Der Gast kommt mit seinem eigenen Rizq und geht mit den Sünden der Hausbesitzer in dem er sie von ihren Sünden befreit.

Eine der Sunnah ist es, dass man seinen Gast bis zur Tür begleitet.

Wer eine Gemeinschaft besucht, sollte nicht ohne deren Zusage fasten. Wer in das Haus einer Gemeinschaft eintritt, soll sich auf den Platz setzen, der ihm zugwiesen wird, denn sie – Hausbesitzer- kennen die Lage ihres Hauses besser.[73]

Die Bewirtung/Das Verteilen von Essen

Es gibt viele Aussagen des Gesandten Allahs über die Tugendhaftigkeit der Bewirtung für Allah.

Wer seinen muslimischen Bruder bewirtet, ist so, als wenn er Allah bewirtet hätte.[74]

Die besten unter euch sind die, die auf dem Wege Allahs bewirten.

Imam Ali sagte:

Es ist mir lieber meine Freunde zu sättigen, als einen Diener freizulassen.

In einem Hadith heißt es:

Es gibt drei Dinge, wofür die Menschen nicht zur Rechenschaft gezogen werden: das nächtliche Essen (Sahur), das Fastenbrechen (Iftar) und das Essen, welches man mit seinen Freunden isst.

Es ist auch nicht angebracht, alles seinen Gästen zu geben, so dass man seiner eigenen Familie schadet und ihre Herzen mit Pein und Mühe füllt.

73 Ihya-yi Ulum-id Din, Bd. 3, S. 403-413.
74 Ihya-yi Ulum-id Din, Bd. 3, S. 392-398.

Eine Person lud Imam Ali ein und Imam Ali sagte zu ihm:

„Unter drei Bedingungen folge ich deiner Einladung:

Du kaufst nicht extra ein

Du geizt nicht mit dem, was du zuhause hast

Und du schadest deiner Familie nicht."

Salman Farisi erzählt:

„Der Gesandte Allahs befahl uns dem Gast das anzubieten,was wir haben und uns nicht in Schwierigkeiten zu stürzen für das, was wir nicht haben."

Sufyan Ath-Thawri sagte:

„Besucht dich dein muslimischer Bruder so frag ihn nicht ‚Hast du Hunger? ' oder ‚Soll ich dir was zu essen bringen?, sondern Bring das, was schon bereit ist. Wenn er isst gut und wenn nicht bring es weg."[75]

Die Dinge, die man bei der Bewirtung beachten soll

Wer andere bewirten möchte/ Essen verteilen möchte, sollte darauf achten, dass er fromme und gottesfürchtige (Muttaqi) Personen einlädt und keine Frevler (Fasiq).

Der Gesandte Allahs sagte:

Iss nur das Essen der Gottesfürchtigen / Muttaqi und sättige die Frommen.

Wenn man ein Essen ausgibt, dann sollte man beachten, dass man zum größten Teil Arme einlädt und keine Reichen.

Der Muslim sollte seine Verwandten nicht vom Essen ausschließen.

75 Ihya-yi Ulum-id Din, Bd. 3, S. 392-398.

Er sollte die Stufe der Nähe von Freunden und Bekannten beachten und dementsprechend handeln.

Ein Muslim sollte sich durch eine Einladung zum Essen nicht überheblich fühlen und sich nicht selbst loben.

Er sollte nur die Absicht haben die Herzen seiner Freunde zu erobern der Sunnah des Gesandten Allahs zu folgen, indem er wie Er andere speist und die Herzen der Muslim erfreut.

Er sollte nicht jemanden einladen, der es schwer hat zu kommen.

Er sollte keinen einladen, von wem man weiß, dass die anderen Gäste sich durch ihn gestört fühlen, gleichgültig aus welchem Grund auch immer. Die Ruhe der Gäste zu vertreiben ist etwas Schlechtes.

Den Frommen zu sättigen bedeutet, ihn bei seinen gottesdienstlichen Handlungen zu unterstützen und einen Frevler (Fasiq) zu bewirten bedeutet, ihn bei seinen schlechten Angelegenheiten zu unterstützen.[76]

Einer Einladung folgeleisten/Die Zusage

Einer Einladung Folge zu leisten ist Sunnah-Muakkadah und es gibt auch Gelehrte die sagen, dass es eine Pflicht sei.

Die Anstandsregeln der Zusage

Man macht keinen Unterschied zwischen reich und arm.

Der Gesandte Allahs sagte jeder Einladung zu, ohne einen Unterscheid zwischen arm und reich zu machen.

76 Ihya-yi Ulum-id Din, Bd. 3, S. 388-392.

Die Stufe der Armut oder die niedrige Stellung desjenigen, der einlädt, ist kein Hindernis und die Entfernung sollte einen nicht davon abhalten, der Einladung nicht zuzusagen.

Auch wenn jemand am Fasten ist, so sollte dies ihn nicht von der Zusage abhalten. Wenn er sein Fasten bricht und damit seinem Freund eine bereiten kann, sollte er sofort sein Fasten brechen, wenn es ein freiwilliges Fasten ist. Die Belohnung für das Brechen des Fastens und der Freude, die man seinem Bruder bereitet, ist viel mehr als die Belohnung für freiwilliges Fasten.

Dieses Urteil gilt ausschließlich für freiwilliges Fasten. Für Pflichtfasten gilt dies in keinster Weise.

Hat man Zweifel an dem Essen, sind seidene Ausstellungen ausgestellt, werden Silbergefäße benutzt, sind vollständige Bilder von Lebewesen an der Wand oder Decke vorhanden, wird verbotene Musik gespielt, beschäftigt man sich mit verbotenen Spielen, wird gelästert, werden Falschaussagen gemacht, wird verleumdet, so sollte man sich äußerst davor hüten dieser Einladung zu folgen.

All diese Handlungen verhindern die Zusage zu der Einladung, denn durch diese Handlungen gilt diese Einladung als verpönt (Makruh) und verboten (Haram). Ist derjenige, der einlädt ein Tyrann, ein Anhänger von Bidah, ein Frevler, ein Schlechter oder ein Angeber, so sollte man seiner Einladung nicht folgen.

Das Ziel der Zusage einer Einladung sollte nicht das Satt werden sein, sondern der Sunnah des Gesandten Allahs folgen und seinem muslimischen Bruder seine Freundschaft und Liebe zu zeigen..

Sagt man einer Einladung zu, so ist man vor den Nachteilen, die durch Ablehnung einer Einladung entstehen, bewahrt. Denn der Gesandte Allahs sagte:

Wer einer Einladung nicht folgeleistet – es sei denn aus islamisch gesehen triftigen Gründen – der hat sich gegen Allah und seinen Gesandten aufgelehnt.

Respekt vor den Älteren, Liebe und Gnade gegenüber den Jüngeren

Das Erwachsensein kann auch aus dem Aspekt des Wissen, des Islam und der Gottesfurcht sein, so wie sie auch auf das Alter bezogen sein kann. Diese Menschen sind weiter als andere in Instanz, Stellung, Ehre und Würde. Wenn diese großen Persönlichkeiten auch noch wahrhaftig im Islam, fest verbunden mit den Gesetzen Allahs sind, dann ist die Aufgabe der anderen Menschen deren Wert zu erkennen, ihren Wert zu schätzen und sie zu respektieren.

Der Gesandte Allahs sagte:

Wer nicht barmherzig mit unseren Jungen und wer die Rechte der Älteren nicht wahrt, ist nicht von uns.

In einem anderen Hadith heißt es:

Einen alten Muslim, einen der den ganzen Quran auswendig kennt, ihn dauern rezitiert und nach ihm handelt und einen gerechten Herrscher zu beschenken, zeugt von Respekt und Furcht gegenüber Allah.

Der Gesandte Allahs fragte, als sie die Märtyrer des Uhud Krieges doppelt begruben:

Wer konnte mehr aus dem Quran auswendig?

Er gab danach den Vorzug denjenigen, die mehr auswendig konnten.

Wenn der Gesandte Allahs von einer Reise kam, versammelte er die Kinder, ließ sie auf sein Reittier steigen und setzte manche vor sich und manche hinter sich hin.

Wurde ihm ein kleines Kind für eine Namensgebung oder Bittgebet gebracht, so umarmte er das Kind.

Die Begrüßung

Salam bedeutet von diesseitigen und jenseitigen Schwierigkeiten errettet zu werden und Sicherheit, Ruhe und Wohlstand zu erreichen.

Die Begrüßung des Islam lehrte Allah Adam als er ihn erschuf.

Der Gruß ist eine gemeinschaftliche Aufgabe, welche vielseitigen Nutzen beinhaltet. Sie wird im Islam besonders für wichtig empfunden und ist dementsprechend geregelt.

Im Quran heisst es:

Ihr, die den Iman verinnerlicht habt! Betretet keine Häuser, die nicht eure Häuser sind, bis ihr euch bemerkbar macht und deren Bewohner mit dem Salam-Gruß begrüßt. Dies ist besser für euch, damit ihr euch besinnt. (An-Nur, 27)

Den Salam zu geben, wenn zwei Muslime sich begegnen, ist Sunnah und den Salam zu erwidern ist Pflicht (Fardh) oder eine Erfordernis (Wajib).

Die Sunnah bei dem Grüßen ist, dass der Stehende den Sitzenden, der Fahrende den Gehenden, die Jugendlichen die Alten die Wenigen die Viele zuerst begrüßen.[77]

77 Kuran-i Kerim'in Türkce Meali, S. 637.

Situationen, in denen es Makruh den Salam zu geben

- Den sich rituell Reinigenden
- Den der sich im Bad/Dusche/Sauna befindet
- Den Essenden
- Den Krieger in einer Schlacht
- Den Quran rezitierenden
- Den, der Allah gedenkt
- Den Pilger, der Talbiyya macht
- Den Prediger während der Freitagspredigt
- Den, der islamische Rechtswissenschaften am lehren ist
- Den, der mit dem Unterricht beschäftigt ist
- Den, der wissenschaftliche Themen erklärt
- Den Muadh-.Dhin, der den Adhan rezitiert
- Den, der das Qamah zum Gebet ruft
- Den, der sein Bedürfnis verrichtet

Es gibt viele Anregungen zum Salam

Diejenigen, die die Zufriedenheit, die Gaben und das Gute von Allah am meisten verdienen, sind die, die mit dem Salam beginnen.

Anas ging eines Tages an Kindern vorbei. begrüßte sie mit dem Salam und sagte: „ Der Gesandte Allahs machte es ebenso."

Diese Methode sollte ein Muslim anwenden, denn Kinder zu grüßen hat eine positive Wirkung auf ihre Persönlichkeitsentwicklung. So wissen die Kinder, die gegrüßt werden, dass Wert auf sie gelegt wird und handeln dementsprechend.

Eine Regel des Salam ist es, dass man ihn hören kann, dass er weich ist und einen schlafenden nicht weckt.

Der Salam wird auch gegeben, wenn man eine Gemeinschaft betritt und wenn man wieder geht.

Der Salam der Nichtmuslime wird durch „Wa alaykum" erwidert.

In der islamischen Gemeinschaft grüßen sich die Muslime nur auf eine Art, ob nur einer oder mehrere anwesend sind und zwar mit „As-Salamu Alaykum". Der Gruß wird durch „Wa Alaykum As Salam" erwidert. Andere Grußformeln sind islamisch gesehen kein Ersatz für diesen Salam und können nicht an seiner Stelle benutzt werden.

Wer einen leeren Raum betritt, sagt „As Salamu Alayna wa Ala Ibdallissalihin".

Zu einem, der einen Salam überbringt, sagt man „Alayka Wa Alayhissalam.

Allah gebietet im Quran:

Und wenn ihr mit einem Gruß gegrüßt werdet, dann grüßt zurück mit einem Besseren als ihm oder gebt ihn in gleicher Weise zurück. (An-Nisa, 86)

Imran bin Husayn, einer von den Ashab, erzählte:

Ein Mann kam zum Gesandten Allahs und sagte „As Salam alaykum". Nachdem der Gesandte Allah den Gruß erwiderte, setzte der Mann sich hin. Der Gesandte Allahs sagte: „Zehn". Ein bisschen später kam ein anderer Mann und sagte „As salam alayku wa rahmatullah". Auch er setzte sich hin, nachdem der Gesandte Allahs seinen Gruß erwidert hatte. Der Gesandte Allahs sagte „Zwanzig". Ein bisschen später kam noch ein dritter Mann und sagte „As Salam alaykum wa rahmatullahi wa barakatuhu". Diesmal sagte der Gesandte Allahs „dreißig".[78]

Salam ist einer der ehrbaren Namen Allahs.

---

78 Islam'da Aile Egitimi, Bd. 1, S. 470.

Gleichgültig wo und wann die Muslime sich befinden, sie benutzen den islamischen Gruß. Den Salam mit anderen Worten zu überbrücken ist nicht möglich.

Um Erlaubnis bitten

Ihr, die den Iman verinnerlicht habt! Diejenigen, die euch gehören, und diejenigen von euch, die noch nicht die Pubertät erreichten, sollen euch dreimal (vor dem Eintreten) um Erlaubnis bitten: Vor dem Fadschr-Gebet, wenn ihr eure Kleidung mittags ablegt und nach dem ,Ischaa-Gebet. Diese sind drei (Zeiten) eurer Entblößung. Weder euch noch sie trifft Verfehlung nach ihnen (diesen Zeiten). Sie kommen öfters zu euch, die einen von euch zu den anderen. Solcherart erläutert ALLAH für euch die Ayat. Und ALLAH ist allwissend, allweise. (An-Nur, 58)

Allah befiehlt uns den Kindern, welche die Pubertät noch nicht erreicht haben, beizubringen, dass sie in diesen drei Zeiten nicht ohne Erlaubnis in die Zimmer der Eltern eintreten.

Auch wenn dieses Verboten für diese drei Zeiten auf den ersten Blick so aussieht, als wenn es nur für Kinder, welche die Pubertät nicht erreicht haben, gilt, so wird dieses Verbot durch einen anderen Vers auch auf die Kinder, die die Pubertät erreicht haben, ausgeweitet und befiehlt ihnen zu diesen drei Zeiten nicht ohne Erlaubnis in die Zimmer der Eltern einzutreten.[79]

Nach dem obigen Vers wird folgendes geboten:

Und wenn die Kinder von euch die Pubertät erreichten, dann sollen sie um Erlaubnis bitten, wie diejenigen vor ihnen um Erlaubnis gebeten haben. Solcherart erläutert

---

79 Aile Egitimi, Bd. 1, S. 473.

ALLAH für euch Seine Ayat. Und ALLAH ist allwissend, Allweise. (An-Nur, 59)

Ein Muslim betritt nicht ohne Erlaubnis die Wohnung/das Haus eines anderen

Denn diese unerlässliche Notwendigkeit ist ein göttlicher Befehl.

Es gibt auch Regeln bei der Bitte um Erlaubnis.

Man sollte nicht unmittelbar vor der Tür stehen, sondern ein wenig links oder rechts. Dies ist eine Sicherheitsmaßnahme, damit man keine fremde Frau sieht, wenn die Tür geöffnet wird.

In einem Hadith heißt es:

Nähert euch den Türen nicht von vorn, sondern von den Seiten. Wird euch erlaubt einzutreten, so tretet ein und wird es euch nicht gestattet, dann kehrt wieder um.

Zuerst grüßt man, dann bittet man um Erlaubnis.

Derjenige, der um Erlaubnis bittet, sollte sich durch seinen Namen oder seinen Spitznamen kenntlich machen.

Wird „Wer ist da?“ gefragt, so sollte man keine Antworten wie „Ich“ oder dergleichen geben, weil man sonst nicht erkannt wird.

Cabir erzählt:

Ich kam zu der Tür des Gesandten Allahs und klopfte an. Er fragte „Wer ist da?“.

Ich antwortete mit „Ich“.

Der Gesandte Allahs sagte: „Ich bin es, Ich bin es“ und drückte damit aus, dass Ihm diese Antwort nicht gefiel.

Wird dem, der um Erlaubnis bittet „Kehre um!“ gesagt, soll er umkehren. dabei sollte er nicht sauer oder beleidigt sein, weil man keinen Einlass bekommen hat. Denn so ist der Befehl Allahs.

Und sollte euch gesagt werden: „Kehrt zurück!" Dann kehrt zurück! Dies ist reiner für euch. Und ALLAH ist über das, was ihr tut, allwissend. (An-Nur, 28)

Der Besucher soll drei Mal um Erlaubnis bitten.

Es ist angepasst zwischen der ersten und der zweiten Bitte um Erlaubnis solange zu warten, wie vier Rakkah eines Gebetes dauern, denn der Hausbesitzer könnte im Gebet sein oder eine wichtige Angelegenheit erledigen.

Die Tür sollte man nicht gewaltig oder grob schlagen.

Die Trinkregeln

Ein Muslim beginnt das Trinken mit der Basmalah und trinkt in zwei oder drei Atemzügen. Nach dem Trinken sagt er „Alhamdulillah".

Der Gesandte Allahs wies auf die Trinkregeln hin:

Trinkt nicht wie ein Kamel in einem Atemzug. Trinkt in zwei oder drei Atemzügen. Beginnt mit der Basmalah und wenn ihr vom Trinkgefäß ablasst, so sagt Alhamdulillah.

Sich während des Trinkens hinzusetzen ist Mustahabb.

Diesbezüglich sagte Anas:

Der Gesandte Allahs hielt jemanden, der im Stehen trank, davon ab.

Der Überlieferer Qatadah fragte Anas:

Verwehrte er auch das Essen im Stehen?

Anas antwortete:

Im Stehen zu Essen ist noch verpönter.

Es wird durch Überlieferungen, in denen der Gesandte Allahs im Stehen trank, deutlich, dass es erlaubt ist.

Es ist verpönt (Makruh) das Wasser oder eine Flüssigkeit anzuhauchen/anzupusten.

Ibn Abbas sagte:

Der Gesandte Allahs verwehrte, dass man in Gefäße, in denen Wasser oder andere Flüssigkeiten sind, haucht oder anpustet.

Der Muslim wird davon abgehalten aus dem Wasserbehälter mit seinem Mund zu trinken. Dass alle Münder aus einem Gefäß trinken, gefällt den meisten Menschen nicht und kann gleichzeitig auch Auslöser für Krankheiten sein.

Die Essregeln

Vor und nach dem Essen werden die Hände gewaschen.

Der Gesandte Allahs sagte:

Die Segensfülle des Essens liegt in dem Händewaschen vor dem Essen und in dem Mund und Handwaschen nach dem Essen.

.. Am Anfang des Essens soll man im Namen Allahs beginnen, also mit der Basmalah. Wer diese Sunnah zu Beginn vergisst, soll mitten im Essen „Am Anfang und am Ende im Namen Allahs" sagen. Und am Ende sagt man Alhamdulillah

Es wurde befohlen mit der rechten Hand zu essen und verboten mit der linken Hand zu essen.

Wer den westlichen Traditionen folgt, indem er das Messer in die rechte Hand und die Gabel in die Linke nimmt und mit ihr isst, verstößt gegen die Sunnah.

Ein Muslim isst das Essen, was vor ihm ist.

Omar bin Abi Salamah erzählt:

Ich war noch ein kleines Kind und lebte unter der Obhut des Gesandten Allahs. Als ich aß, gelangte meine Hand in alle Bereiche des Essgefäßes. Der Gesandte Allahs sagte:

Oh Kind! Erwähne den Namen Allahs, iss mit Rechts und iss, das was vor dir liegt.

Ein Muslim nörgelt über kein Essen, was ihm serviert wird.

Abu Hurayra erzählt:

Der Gesandte Allahs nörgelte und bemängelte kein Essen. Wenn er Appetit hatte, aß er und wenn nicht, dann unterließ er es.

Es sollte beachtet werden, dass keine Essensreste im Gefäß übrig bleiben.

Ein Muslim lehnt sich nicht an, während er isst.

Während des Essens zu reden ist Mustahabb.

Nach Überlieferungen aß der Gesandte Allahs zu Tisch und wenn es passend war, redete und unterhielt Er sich mit seiner Ashab.

Ein Muslim sollte kein unappetitliches Geräusch mit seinem Mund machen. Er soll das Essen nicht anpusten und keine großen Happen verschlingen, so dass es unappetitlich aussieht.

Wenn ältere Personen zu Tisch sind, dann sollten die Jüngeren nicht zuerst anfangen zu essen. zHudhayfa sagte:

Wenn wir zusammen mit dem Gesandten Allahs an einem Tisch saßen, fingen wir nicht mit dem Essen an, bis der Gesandte Allahs begann.

Nach dem Essen ist es für den Gastgeber Mustahabb, ein Bittgebet (Dua) vorzutragen.

Nach einer Überlieferung von Anas war der Gesandte Allahs zu Gast bei Sa'd bin Ubadah. Er servierte Brot und Olivenöl. Der Gesandte Allahs sprache nach dem Essen eine Dua:

Die Fastenden brachen ihr Fasten bei euch, gute Personen aßen euer Essen und die Engel erwähnen euch mit Segen und Vergebung.

Ein Muslim hebt die Happen, die auf den Boden fallen, auf und isst sie, nachdem er den Schmutz von ihnen beseitigt hat.

Es ist eine wichtige islamische Anstandsregel, dass man mit der Essenverteilung rechts beginnt.

Wie verhält man sich auf einer Versammlung

Eine Versammlung kommt zustande, wenn mehrere Personen sich treffen und unterhalten.

Ein Muslim, der eine Versammlung betritt, gibt den Anwesenden, denen er begegnet, seine Hand.

„Wenn zwei Muslime sich begegnen und sich die Hände geben, so wird ihnen noch bevor sie die Hände loslassen, vergeben."

Da der Gastgeber besser weiß, wo er einen hinweist und er das Hausrecht hat, folgt man den Anweisungen des Gastgebers und setzt sich dahin, wo einem Platz gegeben wird.

Geht man unter die Menschen in einer Versammlung, so soll man sie nicht bedrängen, damit sie einem Platz machen.

Hudhayfa sagte:

Der Gesandte Allahs rügte und verurteilte die Handlung von jemandem, der sich mitten in eine Versammlung hingesetzt hatte.

Wer dazukommt, sollte sich dahin setzen, wo noch ein Platz frei ist.

Der Gesandte Allahs sagte:

Wenn jeder seinen Sitz in einer Versammlung hat und wenn jemand einen muslimischen Bruder, der neu gekommen ist, ruft und ihm Platz macht, so soll derjenige, der gerufen wird, dort hingehen und sich setzen. Denn dies ist ein Geschenk für den Gerufenen. Wird ihm kein Platz gemacht, dann soll er sich dorthin setzen, wo genug Raum vorhanden ist.

Ein Muslim setzt sich nicht zwischen zwei Personen, ohne deren Erlaubnis.

„Es ist für niemanden erlaubt sich zwischen zwei Personen ohne deren Erlaubnis zu setzen."

Wer sich auf einer Versammlung befindet und wegen eines Bedürfnisses raus geht, soll sich wieder an den Platz setzen, wo er war.

Man sollte um Erlaubnis bitten, wenn man die Versammlung verlässt.

In einer Versammlung können einige Fehler oder Sünden begangen werden und aus diesem Grund sollte man die Buße-Dua für die Geschehnisse auf der Versammlung lesen.

Den Gast im Stehen begrüßen

Der Eintretende kann ein Besucher, Reisender, Wissenschaftler oder eine ältere Person sein. Für sie aufzustehen und sie im Stehen zu begrüßen, ist Sunnah.

Unsere Mutter Aisha erzählt:

Ich sah noch keinen, der dem Gesandten Allahs in der Hinicht der Hoheit und Höflichkeit ähnelte, seine schönen Charakterzüge zeigten sich besonders, wenn er aufstand und sich hinsetzte. Wenn seine Tochter Fatima kam, stand er auf, begrüßte sie und setzte sie neben sich hin. Und wenn der Gesandte Allahs zu seiner Tochter ging, dann stand sie auf, begegnete ihrem Vater mit Respekt, verweiste ihn auf ihren Platz und zeigte keine Mängel bezüglich des nötigen Anstands und Respekts.

Nach einer Überlieferung heißt es, dass Sa'd bin Muadh, einer der führenden Persönlichkeiten der Ansar, sich der Moschee näherte. Der Gesandte Allahs sah ihn und sagte zu denen, die um Ihn herum saßen:

Steht vor euren Guten oder Herren auf!

Die Leute des Wissens und die großen Imame des Ijtihad beziehen sich auf diese Hadith und erlauben, dass man vor den Wissenden, den Tugendhaften zu bestimmten Zeiten und an passenden Orten aufstehen darf.

Das Aufstehen, welches Hochmut und Stolz verursacht, wird als bedenklich betrachtet.

Solange kein wichtiger Grund besteht, sollte man niemanden bei einer Rede unterbrechen

Unterbricht man einen Redner, behindert man den Redeablauf, man verwirrt den Redner und führt möglicherweise zu einer Feindschaft untereinander. Geschieht dies auch noch bei wissenschaftlichen Themen, so ist es besonders grotesk und verstößt gegen die islamischen Anstandsregeln.

„Das was dem Redner geziemt, ist seine Rede zu ordnen und bis zum Ende keine anderen Themen anzusprechen. Dem Zuhörer gebührt es, sich dem Redner zuzuwenden, zuzuhören und nicht nach links und rechts zu schauen bis der Redner seine Rede beendet hat. Außerdem sollte man nicht ohne triftigen Grund rausgehen und besonders schweigen sollte man, wenn der Redner über Tafsir und Hadith spricht. Natürlich kann er seine Bedürfnisse decken und rausgehen. Oder wenn eine islamische Begründung vorliegt, wie das Gute gewähren oder das Schlechte verbieten, ohne zu übertreiben, kann der Muslim etwas sagen."[80]

Das Niesen

Der Islam zeigt dem Muslim, wie er sich zu verhalten hat, wenn er niest.

Der Gesandte Allahs sagte:

Wenn jemand von euch niest, soll er Alhamdulillah sagen. Und sein muslimischer Bruder soll ihm mit YarhamukAllah – Allah segne dich – erwidern.

Und er soll mit Yahdina wa yahdikumullah wa yaslihu halakum – Allah möge uns und euch rechtleiten und euren Zustand verbessern – antworten.[81]

Es ist eine Anstandsregel des Niesens, dass man mit der Hand seinen Mund verschließt und das Geräusch soweit es geht, dämpft. Die Dua YarhamukAllah nennt man Tashmit. Wenn derjenige , der niest, Alhamdulillah sagt, antwortet man ihm mit dieser Dua. Preist er nicht Allah , so unterlässt man diese Dua.

Ibrahim An Nahai sagte:

Es ist nichts Bedenkliches dabei, wenn jemand bei der Verrichtung der Notdurft niest und innerlich Allah gedenkt.

Versuchen, das Gähnen in Versammlungen zu unterlassen

Befindet sich ein Muslim in einer Versammlung oder gegenüber von Jemandem, versucht er so gut es geht nicht zu gähnen und es zu unterdrücken.

---

80 Ihya-yi Ulum-id Din, Bd. 4, S. 565.

81 Ihya-yi Ulum-id Din, Bd. 4, S. 552.

Der Gesandte Allahs sagte:

Wenn jemand von euch niest, soll er es versuchen zu unterdrücken.

Ist das gähnen so stark, dass man es nicht unterdrücken kann, dann soll man den Mund mit der Außenfläche der linken Hand verschließen.

Es ist verpönt während des Gähnens Geräusche von sich zu geben.

Der Gesandte Allahs sagte:

Ohne Zweifel, Allah liebt das Niesen und das Gähnen gefällt ihm nicht. Also, wenn jemand von euch gähnt, soll er nicht Hah,Haah sagen. Denn solche Geräusche zu machen ist vom Shaytan und der Shaytan lacht darüber.

Nach einer Überlieferung von den Salaf As Salih heisst es, dass wer in der Lage ist das Gähnen zu unterdrücken und sich beherrscht und daran denkt, dass der Gesandte Allahs nie gähnte, von dem wird das Gähnen mit der Erlaubnis Allahs genommen.

Die Hände der Älteren küssen

Eine der gemeinschaftlichen Benimm und Anstandsregeln ist es, die Hand der älteren zu küssen.

Ein Freund Allahs / Waliyy erzählt:

Es wurde ein Kamel zu Zayd bin Thabit gebracht, damit er darauf steigen kann. Abdullah ibn Abbas, der dort anwesend war, kam, um die Steigbügel zu halten, damit er aufsteigen kann. Zayd bin Thabit war damit nicht zufrieden und bat ihn:

„Oh du Sohn des Vetters der Gesandten Allahs! Bitte halte dich davon fern."

Ibn Abbas machte seinen Dienst und sagte:

„Uns wurde befohlen unseren Älteren und Wissenden zu dienen."

Zayd sagte:

„Hebe deine Hand und zeige sie mir."

Ibn Abbas hob seine Hand, Zayd hielt sie fest, küsste sie und sagte:

„Und uns wurde befohlen, die Familie und Verwandten des Gesandten Allahs auf diese Weise zu respektieren."

Den Nahestehenden eines Verstorben sein Beileid ausdrücken

Beileid bedeutet den Hinterbliebenen eines Verstorbenen geistig zu unterstützen und deren Leid zu mildern, indem man ihnen durch schöne Worte Trost spendet und Äußerungen des Gesandten Allahs und der Salaf As Salih nennt und ihnen die Geduld rät.

Das Beileid auszusprechen, auch wenn die Hinterbliebenen Nichtmuslime sind, ist Mustahabb.

Der Gesandte Allahs sagte:

Wenn ein Muslim seinem muslimischen Bruder sein Beileid ausspricht, wenn er von einer Prüfung Musibah getroffen wird, dann wird Allah diesem ohne jeden Zweifel den Kaftan der Karamah anziehen.

Die Hinterbliebenen, seien sie nun jung oder alt, sollte man besuchen und unterstützen, denn dies ist in dem Zustand passender.

In diesem Punkt ist es Mustahabb vor der Beerdigung allen Männern und Frauen innerhalb von drei Tagen sein Beileid auszusprechen. Es sei denn, die Hinterbliebenen sind in diesen drei Tagen nicht anwesend, dann kann man das Beileid auch nach diesen drei Tagen aussprechen.

Wie spricht man sein Beileid aus?

Imam Nawawi schreibt in seinem Werk Tadhkirah:

Für die Wörter bei dem Aussprechen des Beileides gibt es keine Begrenzung. Egal mit welchen Wörtern man sein Beileid ausspricht, es ist in jeder Form Mustahabb. Nur unsere Gefährten sehen es als Mustahabb, dass ein Muslim einen anderen Muslim sein Beileid mit folgenden bzw. ähnlichen Worten ausspricht: „Allah möge deine Belohnung vermehren! Allah gebe dir Kraft für Geduld und Ausharren! Allah möge die Fehler des Verstorbenen verzeihen!"

Im Islam ist es Mustahabb, das man den Hinterbliebenen Essen zubereitet und es ihnen übergibt, denn sie sind mit den Beerdigungsritualen beschäftigt. Gleichzeitig sind sie durch die Prüfung, die sie getroffen hat, seelisch getroffen.

Der Gesandte Allahs sagte:

Bereitet Essen für die Familie von Ja'far, denn sie hat eine Prüfung getroffen, welche sie beschäftigt.

Die Imame der vier Rechtsschulen sehen es als verpönt an, wenn sich die Menschen in dem Haus des Verstorbenen versammeln und die Familie des Verstorben ihnen Essen zubereitet.

Aber dass heutzutage die Hinterbliebenen Essen zubereiten und es den Gästen servieren, ist zu einer schlechten Bid'ah geworden. Aus diesem Grund sollte der Besucher sich vor dem ihm servierten Essen mit passenden Worten fernhalten. Denn diese Tradition widerspricht der Sunnah des Gesandten Allahs.

Wer zu Besuch wegen des Beileids ist, sollte feinfühlig sein

Wird während des Besuches Quran rezitiert, soll man respektvoll zuhören. Man soll Worte reden, die die Prüfung erleichtern, und überlieferte Aussagen der Salaf As Salih.

Außerdem soll derjenige, dessen Angehöriger verstorben ist, nicht den Besuchern gegenüber lachen, sinnlos und unpassend reden oder Witze erzählen.

Der Besucher soll sein Gefühl der Barmherzigkeit und Trauer dem Verstorbenen gegenüber äußern. Er soll von den guten und positiven Eigenschaften des Verstorbenen reden, denn dies ist eine der tugendhaften Seite solcher Besuche.

Sieht man missfallende Dinge während eines Besuches, so soll man auf eine gute Weise darauf hinweisen

Dem Besucher kann während seines Besuches einige Bid'ah oder unpassende Dinge auffallen. Dass das Bild des Verstorbenen in der Mitte aufgestellt wird, dass geraucht wird, dass Musik gespielt wird, die Trauer verursacht und andere Dinge, die vom Islam verboten wurden. All diese Dinge sind den Anstandsregeln solcher Besuche und solcher Orte zuwider.

Also, wenn ein Besucher mit solchen Situationen konfrontiert wird, soll er mutig sein um die Wahrheit zu sprechen und auf eine gute Art Ratschläge ilen ert. Er soll keine Befürchtungen vor der Kritik der Kritiker auf dem Wege Allahs haben.

Die Gratulation

Die Gratulation verstärkt den Bund der Liebe und Brüderlichkeit. Durch sie werden die Beziehungen zwischen den Muslimen vermehrt und beständig.

Wer seinem muslimischen Bruder gratuliert um ihm eine Freude zu machen, den wird Allah am Tag der Auferstehung eine Freude machen.

Man bemüht sich besonders zu Anlass einer Gratulation freudig zu sein und Liebe zu zeigen.[82]

Die Gratulation macht man mit freundlichen Worten und schönen Dua, welche von den Salaf überliefert wurden.

Von den gemeinschaftlichen Ereignissen abgesehen, ist eine der islamischen Anstandsregeln, dass man demjenigen gratuliert, der einen Test bestanden, eine Gabe erlangt und wer eine Prüfung (Musiba) überstanden hat.

Demjenigen zu gratulieren, der Nachwuchs bekommt

So wie es von Imam Hussayn und Imam Hasan Basri überliefert wird, sagte man zu ihnen: „Das euch gegebene Kind möge gesegnet sein! Ihr danktet dem Geber und habt dadurch Gutes und Tugendhaftes erlangt. Das Kind möge gesund und stark werden!“

82 Islam'da Aile Egitimi, Bd. 1, S. 493.

Es ist Mustahabb, dass die Eltern, denen gratuliert wird, sagen: „Allah möge euch auch segnen und euch Seine Segensfülle geben und euch eine ähnliche Gabe schenken!"

Jemanden, der von der Reise zurück ist, zu seinem Wohlbefinden gratulieren

Es ist Mustahabb einem muslimischen Bruder, der von einer Reise unversehrt zurück kehrt, mit folgenden Worten zu gratulieren:

„Gepriesen sei Allah, der euch durch Wohlbefinden mit Heil beschenkt hat und uns wieder versammelt hat!"

Dem Pilger, der von der Hajj gekommen ist, gratulieren

Es ist Mustahabb jemandem mit folgenden Worten zu gratulieren, der die gottesdienstlichen Handlungen der Hajj vollzogen hat:

„Allah möge eure Hajj anerkennen, eure Sünden vergeben, euren Unterhalt auffrischen und das Ersetzen, was ihr ausgegeben habt!"

Einer Eheschließung (Nikah) gratulieren

Nach der Eheschließung wird dem Ehepaar mit folgenden Worten gratuliert:

„Allah möge euch segnen und euch mit seiner Segensfülle überhäufen! Allah möge euch im Guten vereinen!"

Die Gratulation zu den Festtagen

Es ist Mustahabb nach dem Festtaggebet zu seinem muslimischen Bruder „ Allah möge es von uns und von euch akzeptieren!", zu sagen.

Die Beschenkung

Es ist Mustahabb diejenigen zu beschenken, welche ein Kind bekommen haben, welche eine schwierige Angelegenheit gemeistert haben und welche geheiratet haben. Denn in diesem Punkt gibt es viele Überlieferungen vom Gesandten Allahs, die dazu anspornen.

Der Gesandte Allahs sagte:

Beschenkt euch, damit ihr euch liebt!

In einem anderen Hadith heißt es:

Beschenkt euch, denn das Beschenken beseitigt Hass und Wut aus der Brust.

Die Fehler des Geschenkegebers sieht man nicht und seine Worte hört man nicht.[83] (12) Das Geschenk ist eine schöne Versorgung (Rizq) seitens Allahs. Man soll ein Geschenk annehmen und ein schöneres geben.

Der Krankenbesuch

Einen Kranken zu besuchen ist eine der Angelegenheiten, welchen der Islam sehr großen Wert beimisst.

Der Gesandte Allahs sagte:

Besucht die Kranken! Sättigt die Hungrigen! Und lasst die Gefangenen frei!

Im Islam ist es ein Recht des einen Muslims gegenüber dem anderen Muslim, dass man einen Kranken besucht und sich nach seinem Befinden erkundigt.

83 Ramuz-el Ehadis, Bd. 1, S. 239.

In einem Hadith heißt es:

„Die Rechte eines Muslims gegenüber eines anderen Muslim sind fünf:

1. Den Gruß erwidern.
2. Ihn zu besuchen, wenn er krank ist.
3. Ihn bis zu seinem Grab begleiten, wenn er stirbt.
4. Seiner Einladung zusagen.
5. YarhamukAllah zu sagen, wenn er niest und Alhamdulillah sagt."

Den Kranken besucht man nach dem dritten Tag der Krankheit, dabei bleibt man nicht lange und verabschiedet sich nach kurzer Zeit.

Ibn Abbas sagte:

Einen Kranken einmal zu besuchen ist Sunnah. Ihn mehrmals zu besuchen, ist freiwillig (Nafilah).

Der Gesandte Allahs sagte:

> ***Besucht einen Kranken nach einem Tag! Nach diesem Besuch lasst zwei Tage vergehen und macht euren zweiten Besuch am vierten Tag.***[84]

Es ist passender den Besuch kurz zu halten, wenn der Kranke schwer krank ist. Ist er nicht so schwer krank und ihm ist langweilig und er benötigt eine Unterhaltung mit seinen Freunden, dann kann man ein wenig länger bleiben ohne vom Mittelweg abzukommen, indem man übertreibt.

Man sollte nicht zu oft den Kranken besuchen sondern ein zwei Mal in der Woche nach seinem Befinden fragen, wenn der Kranke dazu in der Lage ist.

---

84 Ihya-yi Ulum-id Din, Bd. 4, S. 565.

Während des Krankenbesuches soll man Dua machen

Besucht man einen Kranken, so soll man ihn mit der rechten Hand streicheln und Dua machen, diesbezüglich überlieferte Aisha: :

Der Gesandte Allahs besuchte die Kranken in seiner Familie, streichelte sie mit seiner rechten Hand und betete: „Oh Allah, der Herr der Menschen! Beseitige seine Krankheit, verschaffe ihm Heilung. Du gibst die Gesundung und außer deiner gibt es keine Besserung. Lasse ihn so genesen, dass er keinen Schmerz mehr verspürt!"

Eine Benimmregel des Krankenbesuches ist es, sich an das Kopfende des Kranken zu setzen

Ibn Abbas sagte:

Der Gesandte Allahs setzte sich an das Kopfende hin, wenn er einen Kranken besuchte und machte folgende Dua sieben Mal:

„Ich bitte den allmächtigen Herrn des gewaltigen Arsh's, dass Er dir Heilung schenkt"

Den Kranken soll man erfreuen, indem man ihm Hoffnung auf ein langes Leben und Heilung gibt.

Außerdem soll man den Kranken daran erinnern, dass er seine Hand auf die Stelle legt, wo er Schmerzen hat, und Dua liest.

Uthman bin Abi As sagte:

Ich ging zu dem Gesandten Allahs und erzählte ihn von meinem Schmerz, den ich im Körper verspürte. Der Gesandte Allahs riet mir:

Leg deine Hand auf die Stelle, die schmerzt und sage drei Mal: „Audhu bi Izzetillahi wa qudratihi min Sharri ma ajidu wa uhazziru." Wiederhole es sieben Mal.

Der Gesandte Allahs sagte zu Omar bin Khattab:

Wenn du einen Kranken besuchst, dann bitte ihn darum, dass er für dich Dua macht. Denn die Dua der Kranken ist wie die Dua der Engel.

Die Eintrittsregeln der Moschee

Wer in die Moschee eintritt, bekommt für jeden Schritt eine Belohnung und eine Sünde wird ihm vergeben.

Die Moschee wird zuerst mit dem rechten Fuß betreten und man betet: „ Oh Allah! Öffne uns deine Türen des Segens!"

Ist eine Gemeinschaft vorhanden, so grüßt man sie. Ist keiner anwesend, sagt man „ As Salamu alayna wa ala ibadillahis Salihin". Danach sagt man „ SubhanAllahi wal Hamdulillahi Wa La ilaha illallahu wallahu Akbar Wa La hawla wa la quwwata illa billahil aliyyil athim" und setzt sich hin um Allah zu gedenken und zu preisen.

Der Gesandte Allahs sagte:

Wenn jemand von euch eine Moschee betritt, soll er zwei Rakah beten!

Dieses Gebet nennt man in unserem Din „ Tahiyyatul Masjid".

Geht man zur Moschee, soll man sich sauber und passend kleiden.

Allah gebietet bezüglich der Sauberkeit:

Kinder Adams! Bekleidet euch gepflegt beim (Besuch) jeder Moschee. (Araf, 31)

Die Gemeinschaft wird durch Gerüche von Zwiebel und Knoblauch belästigt.

Der Gesandte Allahs sagte:

Diejenigen, die Zwiebel und Knoblauch gegessen haben, sollen sich von unserer Moschee fernhalten!

Es ist verpönt, weltliche Angelegenheiten grundlos in der Moschee zu besprechen

Der Gesandte Allahs sagte:

In der Endzeit wird es solch eine Gruppe geben, die ihre Gespräche in den Moscheen führen. Dass sie mit diesen Absichten in die Moschee gehen und sitzen, benötigt Allah nicht.

Es ist auch verpönt, dass man in der Moschee handelt – außer denen, die in der Itikaf sind – dass man etwas Verlorenes sucht oder bekannt gibt und ähnliche weltliche Angelegenheiten.

In einem Hadith heißt es:

Wer hört, dass jemand seine Stimme erhebt um etwas Verlorenes zu suchen, soll zu ihm sagen „Allah möge dein Verlorenes nicht wiedergeben". Denn die Moscheen wurden nicht für solche Angelegenheiten erbaut.

Die Moschee verlässt man mit dem linken Fuß zuerst. Folgende Dua wird gelesen:

Oh Allah! Dein Segen, Deine Vergebung, Dein Heil und Dein Wohl seien über Sayyidina Muhammad!

Dem Gebetsruf (Adhan) zuhören

Adhan bedeutet linguistisch die Ansage, die Bekanntmachung. Islamisch gesehen besteht er aus bestimmten gesegneten Wörtern und ist ein Zeichen des Islam. Denjenigen, der den Adhan ausruft, nennt man Muadh-dhin.

Durch den Adhan gibt man der Gemeinschaft die Gebetszeiten und den Ort des Gemeinschaftsgebetes bekannt. Zusätzlich lässt man sie wissen, dass das Gebet eine Ursache für Rettung und Heil ist.

Es ist Mustahabb, dass derejnige, der den Adhan oder die Iqamah hört, die Worte des Muadh-dhins leise für sich wiederholt. Nur wenn „Hayya alas Salah, Hayya alal Falah" gerufen wird, sagt man „La hawla wa la quwwata illa billah". Und wenn bei dem Adhan des Morgengebetes „As Salatu Khayrun minan Nawm" (Das Gebet ist heilbringender als der Schlaf) gerufen wird, sagt man „Saddaqta wa barirta" (Du sprichst die Wahrheit). Auch wenn derjenige, der den Adhan hört, im Janabah Zustand ist, wiederholt er die Worte wie erklärt, denn dies ist Preisen. Aber eine Frau im Haydh oder Nifas Zustand wiederholt ihn nicht. Wer den Adhan hört, soll „ As Salamu Alayka ya rasulAllah" (Allah möge dich segnen, Oh Gesandter Allahs) sagen, wenn das erste Mal „Ashadu anna muhammadar RasulAllah" gerufen wird.

Wenn das zweite Mal „Ashadu anna Muhammadar-RasulAllah" gerufen wird, sagt man „Kurratu Ayni bika ya RasulAllah" (Meine Augen mögen durch dich erhellt werden). Während man dies nachspricht, ist es Mustahabb die Fingernägel der Daumen oder die Innenseite der Zeigefinger zu küssen und dann die Augen damit zu bestreichen.

Ein Muslim, der den Adhan hört, soll am Ende des Adhans die zugehörige Dua lesen, denn wer diese liest, erwirbt das Recht auf Fürsprache.[85]

Aisha hört zu jeder Zeit dem Adhan zu. Sie wurde gefragt:

Oh Mutter der Muslim! Warum lässt du deine Angelegenheiten liegen, wenn der Adhan gerufen wird?

85 Büyük Islam Ilmihali, S. 184.

Sie antwortete:

Ich hörte vom Gesandten Allahs: Sich mit Angelegenheiten zu beschäftigen, während der Adhan gerufen wird, ist Mangelhaftigkeit im Din. Und darum höre ich mit allen Beschäftigungen auf, wenn er ausgerufen wird.

Es ist vorzüglicher (Afdal) wenn diejenigen, die den Adhan hören, ihre Gespräche beenden und dass sogar die, die den Quran lesen, dem Adhan zuhören.

Der Quranrezitation zuhören

Allah gebietet im Quran:

Und wenn der Quran vorgetragen wird, dann hört ihm zu und seid lautlos bedachtsam, damit euch Gnade erwiesen wird. (Araf, 204)

Es ist nicht erlaubt, dass die Anwesenden auf einer Versammlung, in der der Quran rezitiert wird, sich unterhalten. Es ist Mustahabb und ein Grund für große Belohnung sich hinzusetzen und den rezitierten Versen zu zuhören, wenn kein Hindernis vorhanden ist.

Das Schweigen und Zuhören während einer Quranrezitation ist nach der hanafitischen Rechtsschule Wajib.

Es ist nicht erlaubt, den Quran mit lauter Stimme zu lesen, wenn keiner zuhört, zu lachen während der Rezitation, mit etwas zu spielen, sich die Umgebung und besonders etwas Sündiges anzusehen.

Wer im Janabah, Haydh oder Nifas Zustand ist, darf den Quran nicht lesen, aber sie können den Rezitationen von anderen zuhören und mit dem Herzen verfolgen/mitlesen.

Wer einer Quranrezitation lauscht, soll sich in die Richtung wenden, wo sie rezitiert wird. Wenn sein Rücken in Richtung Qiblah zeigt, setzt er sich seitwärts hin. Es ist nicht erlaubt, den Quran laut an unreinen Orten und an Orten, wo freizügige Menschen sind, zu rezitieren.

Der Grund warum das Zuhören bei einer Quranrezitation so wichtig ist, ist, weil es das Wort Allahs ist und weil man den Quran nur durch gutes Zuhören richtig verstehen kann, so wie es sein soll. Wer gut zuhört, versteht gut. Wer gut versteht, wendet sich seinem Verständnis entsprechend den guten Taten zu. Es ist eine Tradition der Mushrik während einer Quranrezitation Lärm zu machen.

Die Leugner sagten:

Und diejenigen, die Kufr betrieben haben, sagten: „Hört nicht diesem Quran zu und redet irgendetwas dabei, vielleicht gewinnt ihr." (Fussilat, 26)

Viertes Kapitel

Wer einen schlechten Charakter hat,
straft sich selbst.
Der schlechte Charakter ist etwas Bösartiges,
dass viele gute Taten nichts nützen.
Die schlechten Charaktereigenschaften sind die
Krankheiten des Herzens und die
Minderwertigkeit der Person.

Die Eigenschaften, die ein Muslim nicht besitzen sollte

In vielen Versen des Qurans wird verdeutlicht, dass Shirk, Kufr und die Begehung von Sünden eine Ungerechtigkeit sich selbst gegenüber darstellt.

Ein Muslim ist damit beauftragt die schlechten Eigenschaften, welche sein Diesseits und sein Jenseits zerstören, zu kennen und sich von ihnen zu befreien.

Die chronischsten geistigen Krankheiten sind die schlechten Charaktereigenschaften

Schlechte Eigenschaften sind eine Ursache für die eigene Vernichtung im Jenseits.

Als *Dhinnun Misri „Wer hat viele Gedanken und Trauer?“* gefragt wurde, antwortete er *„Die Schlechten der Menschen aus dem charakterlichen Aspekt, sind die schlimmsten und bösesten.“*

Als *Adam* und *Hawwa* ihren Fehler einsahen sagten sie:

Sie sagten: „Unser HERR! Wir begingen Unrecht und wenn DU uns nicht vergibst und Gnade erweist, werden wir doch zu den Verlierern gehören.“ (Araf, 23)

Auch Musa sprach eine *Dua* nach seiner Tat gegen einen Ägypter:

Er sagte: „Mein HERR! Gewiss, ich tat mir selbst Unrecht an, so vergib mir!" (Qasas, 16)

Im Quran heißt es:

Und wer ALLAHs Richtlinien verletzt, beging bereits Unrecht gegen sich selbst. (At-Talaq, 1)

Der Mensch ist ein außergewöhnliches Wesen, welches sich selber betrügt. Das beste Beispiel für diese Außergewöhnlichkeit ist, dass er seine seelischen Gelegenheiten den Gelegenheiten der Triebseele opfert.

Obwohl viele Menschen durch die Warnungen des Verstandes und des Herzens wissen, dass sie schlecht sind, so begehen sie das Schlechte weiterhin.

Sich dem Guten zuzuwenden und vom Schlechten abzulassen, wird immer auf morgen verschoben. In einem Hadith heißt es:

„Jeder Fehler, den der Mensch begeht, hinterlässt einen Fleck/Spur auf dem Herzen."

Nehmen die Fehler zu, wird die Weitsichtigkeit und Reinheit des Herzens schwächer und so verliert das Herz die Herrschaft über den Willen. Allah weist darauf folgendermaßen hin:

Wenn ihr Gutes tut, tut ihr ausschließlich euch selbst Gutes. Und wenn ihr schlecht handelt, so ist dies nur gegen diese selbst. (Al-Isra, 7)

Wenn der Menschensohn den Morgen erreicht, sagen seine Organe zu ihm: Fürchte dich um uns vor Allah, denn wir gehören dir. Bist du rechtschaffen, so sind wir auch rechtschaffend. Bist du nicht rechtschaffen, dann sind wir es auch nicht.

Ein Muslim ist ein guter Mensch, der versucht Konflikte und Streitereien aus der Welt zu räumen.

Das Gute ist die Schönheit des Charakters. Der schlechte Charakter ist komplett schädlich für den Menschen.

Imam Ghazali sagte:

Die schlechten Charaktereigenschaften sind die geöffneten Türen für das von Allah entzündete Feuer.

Der Bankrott

Es wird von *Abu Hurayra* überliefert:

Der Gesandte Allahs fragte seine *Ashab*:

„Wisst ihr, wer von meiner Ummah am Tag der Auferstehung bankrott ist?“

Sie antworteten: ***„Nach unserer Meinung ist derjenige bankrott, der kein Gold und Silber besitzt.“***

Der Gesandte Allahs sagte:

„Derjenige, der von meiner Ummah am Tag des Jüngsten Gerichtes verarmt ist, ist derjenige, der mit den Belohnungen vom Gebet, Fasten und anderen Ibadat kommt aber andere beschimpft hat, andere zu Unrecht beschuldigt hat, der das Gut anderer zu Unrecht nahm, der jemanden schlug und dessen Belohnungen an die gegeben wird, denen er Unrecht tat und wenn seine Belohnungen ausgeschöpft sind, bekommt er die Sünden von ihnen und dann wird er in die Hölle geschmissen.“

Die Unwissenheit

Es gibt keine schlimmere Armut als die Unwissenheit, denn die Wurzel allen Übels ist die Unkenntnis.

Die Sünde eines Gelehrten ist eine Sünde. Die des Unwissenden ist zwei. Der Gelehrte wird bestraft, weil er der Sünde verfallen ist. Der Unwissende aber wird bestraft, weil er der Sünde verfallen ist und weil er nicht gelernt hat. Im Quran heißt es diesbezüglich:

ALLAH nimmt die Reue nur von denjenigen an, die das Schlechte aus Unwissenheit tun und danach umgehend bereuen. (An-Nisa, 17)

Nach der Meinung der meisten *Mufassir* sind mit dem Wort „Unwissenheit" nicht nur die Schlechtigkeiten, die Produkt eines Fehlers sind und aus Unwissenheit über das Verbotene begangen werden, sondern auch Schlechtigkeiten, die absichtlich begangen werden, gemeint. Denn gleichgültig aus welchem Grund auch immer, Schlechtes zu begehen ist Unwissenheit.

Wenn jemand die charakterlichen Regeln sehr gut kennt und sich trotzdem wagt diesbezüglich fehlerhaft zu verhalten, ist in diesem Sinne ein Unwissender.

„...und wenn die Unwissenden sie belästigen, sagen sie: „Salam (sei mit euch)!". (Al-Furqan, 63)

Worte oder Verhaltensweisen, die Menschen peinigen oder schikanieren, können nur von einem Unwissenden kommen. Nach der Ansicht des ägyptischen Forschers Ahmad Amin zeigt dieser Vers den Grund warum die Zeit vor der Offenbarung „Jahiliyyah Zeit" und die Epoche danach „islamische Zeit" genannt wird. Denn es sieht so aus, dass das Wort *Jahiliyyah* nicht von der Wortwurzel *„Jahl"* stammt, welches das Gegenteil von Wissen ist und das Fehlen von theoretischem Wissen bedeutet, sondern von der Wortwurzel *„Jahalah"* was praktische Unwissenheit, also die Ausschweifung bedeutet.[86]

Der Gesandte Allahs sagte während einer Auseinandersetzung zu Abu Dharr, welcher Bilal als *„Sohn einer schwarzen Frau"* beleidigte: ***„Du rügst ihn wegen der Hauptfarbe seiner Mutter, richtig? Das bedeutet, dass du immer noch Unwissend bist."*** [87]

Die Wut – Der Zorn

Die Wut ist ein seelischer Zustand. Dieses Gefühl hat Allah in die Natur des Menschen gelegt. Die Quelle des Wutdrucks ist das Herz.

Die Wut kann man in drei Kategorien untersuchen, untertriebene (Tafrit), über-triebene (Ifrat) und gemäßigte (Itidal) Wut.

Tafrit bedeutet die untertriebene Wut: Das Fehlen oder die Schwäche des Wutdrucks. Dies nennt man Ängstlichkeit/Feigheit. Denn dieser Zustand erzeugt Schlaffheit oder Ehrlosigkeit gegenüber der Familie und den Verwandten.

Ifrat bedeutet die übertriebene Wut. Wut bedeutet sich den Anordnungen des Verstandes und des *Dins* zu entziehen. Sie kann jemanden in verhängnisvolle Situationen bringen. Sie kann bei dem Menschen viele innerliche und äußerliche Reaktionen hervorrufen.

Äußerliche Reaktionen: Rotwerden des Gesichtes, Anschwellung der Halsadern, extremes Zittern der Organe, mit hoher

86 Ahmed Emin, Fecrü'l Islam, S.69.
87 Buhari, Iman, 22.

Stimme sprechen, Verlust der Kontrolle über Handlungen. Das Gesicht des Erzürnten wird grässlich und er redet schlecht. Manche beschimpfen sogar. Hin und wieder kann die Wut auch zu plötzlichem Tod führen.

Innerliche Reaktionen im Herzen: Hass, Neid, Lästern, Verbreitung der Geheimnisse desjenigen, dem man zürnt und andere schlechte Gefühle können sich entwickeln.

Gemäßigte Wut: Die Wut, welche im Islam gelobt wird, ist die Wut, die auf den Hinweis des Verstand und des Din wartet. Diese Wut schwillt an, wenn der Eifer es verlangt und erlischt, wenn die Weichheit es erfordert. Die Wut innerhalb der uns mitgeteilten Richtlinien zu halten, bedeutet sich auf dem graden Weg Allahs zu befinden, den er uns befohlen hat. Diese Wut ist bezüglich der eigenen Person, des Gutes, des *Dins*, der Ehre und Würde von großem Nutzen.

Anas erzählt:

„Den Gesandten Allahs sah ich nie für sich selber Rache nehmen, nur wenn die göttliche Ehrerbietung verletzt wurde, rächte er sich bedenkenlos. In so einer Situation war er der Wütendste aller Menschen. Wenn keine Sache vorhanden war, die den Zorn Allahs auf sich zog, und ihm zwei Möglichkeiten gegeben wurden, dann entschied er sich für das Leichtere. War jedoch eine Sache vorhanden, die den Zorn Allahs auf sich zieht, war er derjenige, der sich am meisten davor hütete."

Dem Gesandte Allahs war es sehr wichtig, dass man sich beherrschte, wenn man wütend wurde. Diesbezüglich gab er den Menschen mehrere Ratschläge. Im Quran heißt es:

Und nicht gleich sind das Gute und das Schlechte. Wehre ab mit dem, was besser ist. Dann sogleich ist derjenige, zwischen dir und dem Feindschaft ist, als wäre er ein enger Wali. Und dies (diese Moral) wird nur denjenigen gewährt,

die sich in Geduld übten. Und dies wird nur demjenigen gewährt, der einen gewaltigen Anteil (am Guten) hat. (Fussilat,34-35)

Die Vorteile der Zügelung der Wut

In der *Surah Ali Imran* im 34. Vers und danach wird berichtet, dass das Paradies für ***„diejenigen, die ihren Zorn unterdrücken"*** vorbereitet ist.

Der Gesandte Allahs sagte:

„Wer seine Wut zügelt, von dem wendet Allah seine Bestrafung ab."

Allah füllt das Herz mit seinem Wohlgefallen desjenigen, der in der Lage war, die Erfordernis der Wut auszuführen.

Es gibt keinen Schluck der Allah lieber ist, als das Schlukken der Wut. Unterdrückt der Diener sie, füllt Allah sein Herz mit Iman.

Allahs Segen und Liebe erreicht solch einen Diener.

Die Nachteile extremer Wut

Extreme Wut ist eine Ursache für die Höllenbestrafung.

Der Gesandte Allahs sagte:

„Ohne Zweifel, es gibt eine Tür der Hölle. Durch diese Tür werden nur die eintreten, die sich gegen Allah auflehnen, indem sie ihrer Wut freien Lauf lassen und sich auf diese Weise befriedigen."

Durch extreme Wut können Worte und Taten entstehen, die den *Iman* nichtig machen.

Es entwickelt sich Hass und Feindschaft zwischen beiden Parteien und so entstehen Ärgerlichkeiten. So werden Gefühle produziert, die nicht zu einem Muslim passen, wie dass man Schlechtes für den anderen erwünscht.

Wie soll man sich im Falle der Wut verhalten?

Entsteht eine Ursache für Wut, soll man an Verse und Überlieferungen denken, die über die Tugendhaftigkeit der Überwindung der Wut berichten und an die Nachteile der Wut, damit man nicht von ihrer Wirkung mitgerissen wird. Wenn ein Mensch seine Wut bezwingt, muss er dies für Allah tun.

Praktische Maßnahmen:

Bei Allah Zuflucht suchen durch „Audhubillahi-minash-Shaytanir-rajim"

Dua lesen, um die Wut zu stillen.

Unsere Mutter Aisha erzählt:

„Der Gesandte Allahs kam rein, als ich wütend war. Er packte mich an meiner Nase und sagte: ***„Oh Aishalein! Sprich so Dua: „ Oh Allah, der Herr Muhammads! Vergib mir meine Sünden und beseitige Wut und Hass aus meinem Herzen. Beschütze mich vor dem Shaytan!".***

Der Gesandte Allahs sagte:

„Wenn jemand von euch wütend wird und steht soll er sich hinsetzen. Wenn so seine Wut nicht schwindet, soll er sich hinlegen."

Schwindet seine Wut immer noch nicht, soll er mit kaltem Wasser eine rituelle Waschung vollziehen oder sich mit kaltem Wasser abduschen. Denn nur Wasser löscht das Feuer.

Ibn Abbas berichtet, dass der Gesandte Allahs sagte:

„Schweige, wenn du wütend bist!"

Wer seine Wut besiegt, wenn er wütend ist, wird den Nutzen davon im Diesseits und im Jenseits sehen. In diesem Punkt müssen wir auch unsere Kinder ernsthaft dazu erziehen, dass sie ihre Wut zu zügeln lernen. Wenn sie die Pubertät erreichen, müssen sie in der Lage sein, ihre Wut zu kontrollieren.

Der Mensch sollte es sich zur Gewohnheit machen, seine Wut zu unterdrücken und davon ablassen.

Einmal erwischte *Imam Ali* während eines Krieges einen der feindlichen Soldaten, streckte ihn nieder und sagte ihm, dass er den Islam annehmen solle, sonst werde er ihn töten. Der Mann lehnte den Islam ab und spuckte *Imam Ali* ins Gesicht. Daraufhin ließ *Imam Ali* ihn frei. Der Mann, der über diese Handlung sehr verwundert war, fragte nach dem Grund dieser Handlung. *Imam Ali* gab folgende Antwort:

„Ich habe dich erwischt und zum Islam eingeladen. Hättest du den Islam ohne mich zu beleidigen abgelehnt, hätte ich dich getötet. Denn es wäre im Krieg für Allah gewesen. Du hast mich durch deine Beleidigung wütend gemacht. Hätte ich dich getötet, dann hätte ich dich für mich umgebracht. Da meine Triebseele sich eingemischt hat, ließ ich davon ab dich zu töten."

Der Mann, der diese Worte hörte, nahm daraufhin den Islam an.[88]

Die Rachsucht – Der Hass

Rachsucht ist, wenn jemand Feindschaft im Herzen gegenüber jemand anderem trägt und nur auf eine Gelegenheit wartet, sich zu rächen. Hasst man jemanden, obwohl dieser nicht ungerecht war, sondern weil er gerecht das Gute befahl und das Schlechte verwehrte, dann ist dies strikt verboten.

88 Ihya-yi Ulum-id Din, Bd.7, S.35.

Hingegen ist es nicht verboten, jemanden zu hassen, weil er einem zu Unrecht Schlechtes tat.

Es ist passender, wenn derjenige, der nicht in der Lage ist sein Recht einzufordern, dieses auf den Tag der Auferstehung verschiebt. Es ist jedoch besser zu verzeihen.

Im Quran heißt es:

Und wenn ihr verzichtet, dann ist dies näher zur Taqwa. (AlBaqarah, 237)

Der Gesandte Allahs sagte:

„Ein Muslim ist keiner, der hasst."

Der Hass ist die Frucht der Wut. Wer nicht die Macht hat sich zu rächen, in dessen Herz sammeln sich die Wut und der Zorn. Diese Ansammlung führt zu Hass.

Mehrere Nachteile entstehen durch Hass

Der Neid gegenüber jemand, den man hasst, fängt an.

Man lästert über ihn.

Man verrät und lüftet seine Geheimnisse.

Man lügt über ihn.

Man macht sich lustig über ihn.

Man bricht die Beziehung zu ihm ab.

Man freut sich, wenn ihm Schlechtes geschieht und ist traurig, wenn ihm Gutes widerfährt.

Hat er Schulden oder andere Rechte zu begleichen, so gibt er sie nicht.

All diese Handlungen sind verboten. Durch die Feindschaft jemandem gegenüber verzichtet ein Muslim auf gute Tugenden, durch welche er Belohnung erhält, wie ein lächelndes Gesicht, Hilfe oder Deckung eines Bedarfes.

Die Nachrede

Die Nachrede wird zum größten Teil mit der Zunge gemacht. Fast keiner kann sich vor dieser Krankheit beschützen, außer denjenigen, die Allah davor bewahrt. Sie ist eine große Sünde.

Qatadah sagte:

Die Bestrafung im Grab ist in drei Teile geteilt: Ein Drittel für Nachrede, ein Drittel für *Namimah* und ein Drittel, wenn man seine Kleidung nicht vor Urin bewahrt."

Als *Isa* und seine Anhänger an einem toten Hund vorbeigingen, sagten die Anhänger: *„Wie schlimm dieses Tier riecht!"* Daraufhin sagte *Isa*: *„Wie schön doch seine weißen Zähne sind."* Dadurch riet er ihnen, in allem stets die positiven Seiten der Dinge zu sehen. Nachrede bedeutet, jemandem über eine Person, die beide kennen, etwas zu sagen was ihn traurig machen würde, wenn er es hört.

und die einen von euch sollen keine Ghibah1 gegen die anderen begehen! Mag der eine von euch etwa vom Fleisch seines toten Bruders speisen? So habt ihr es verabscheut. (Hujurat, 12)

Nach der Überlieferung *Ibn Hibbans* von *Abu Umamah* sagte der Gesandte Allahs:

„Am Tag des Jüngsten Gerichtes wird dem Menschen sein Buch der Taten offengelegt und ihm gegeben. Wenn er hineinschaut, sagt er: „Oh Herr! Wo sind meine guten Taten? Ich habe so viel Gutes auf der Erde getan. Sie sind gar nicht in meinem Buch vorhanden. Allah antwortet ihm: „ Sie tilgte ich durch die Nachreden, die du begangen hast und schrieb sie in das Buch derer, denen du nachgeredet hast."

Der Gesandte Allahs fragte eines Tages seine Ashab:

„Wisst ihr, was Nachrede ist?"

Sie sagten: „Allah und sein Gesandter wissen es besser."

„Nachrede ist etwas über euren Bruder zu sagen, was ihm nicht gefällt."

„Und wenn das, was wir sagen, bei unserem Bruder wirklich vorhanden ist?"

Der Gesandte Allahs sagte:

„Wenn das, was ihr sagt, bei eurem Bruder vorhanden ist, dann habt ihr ohne Zweifel üble Nachrede begangen. Wenn das, was ihr sagt, nicht bei ihm vorhanden ist, dann ist es eine Unterstellung."

Die Nachrede kann man auch durch Augenzwinkern, Andeutungen, Anspielungen, Zeichen und Schreiben betreiben. Alle Arten sind verboten.

Die Ursachen, die zur Nachrede führen

Aus irgendeinem Grund jemandem gegenüber sauer, beleidigt oder hasserfüllt zu sein.

Auf jemanden neidisch zu sein, weil die Menschen ihn wegen seines Status, Wissens und guten Taten loben, und gegen ihn zu sein, damit die Menschen die Beziehung und Liebe zu dieser Person abbrechen.

Sich selber loben, indem man die Fehler der anderen erzählt.

Sich Freunden, welche untereinander Nachrede begehen, anzupassen/ zu fügen.

Sich lustig über diejenigen zu machen, die fehlerhafte und schlechte Dinge begehen.

Wenn ein schlechter Zustand von jemanden offenkundig wird, zu wollen, dass die Sünden von jemand anderem auch offenkundig werden.

Wird man sauer, verwirrt oder barmherzig mit jemandem, der eine Sünde begeht, so ist dies auch eine Nachrede. Denn in dem Moment, in welchem man sauer, verwirrt oder barmherzig ist, wollen die Menschen wissen, mit wem man es zu tun hat und man sagt den Namen der Person. Dies gilt auch als Nachrede.

Die Nachrede zu bestätigen ist auch eine Art der Nachrede. Auch wenn man die Nachrede nicht bestätigt, so ist man trotzdem an der Nachrede beteiligt, wenn man schweigt. Außer derjenige, der Angst hat sich mit denjenigen anzulegen, die Nachrede betreiben, und es vom Herzen nicht akzeptiert, ist außerhalb dieser Regel.

Es gilt auch als Nachrede, wenn man die Bewegungen und Sprechweise einer bestimmten Person nachahmt und erzählt, so dass diese Person mies gemacht wird.

Manchmal kann die Nachrede auch *Kufr* sein. Wenn zum Beispiel zu jemandem *„Betreibe keine Nachrede!"* gesagt wird und er *„Dies ist keine Nachrede, weil ich die Wahrheit sage"* antwortet.

Manchmal kann die Nachrede auch Heuchelei sein. Wenn man zum Beispiel über jemanden redet, den die Person kennt, mit der man redet, und seinen Namen nicht preisgibt um sich selber als gut darzustellen.

Aus bestimmten Gründen ist die Nachrede erlaubt

Es ist erlaubt bei einem Richter oder einem Herrscher eine beobachtete Ungerechtigkeit zu erzählen. Oder jemandem, der einem hilft zu erzählen, was für eine Ungerechtigkeit einem widerfahren ist. Aber dass der Unterdrückte jemandem von der Ungerechtigkeit erzählt, der einem nicht helfen kann, ist nicht richtig.

Wenn jemand einen Ort sieht, wo gesündigt wird, so kann er es an Personen weiterleiten, die das Schlechte verbieten/ beseitigen.

Es gilt nicht als Nachrede, wenn jemand nach einer Fatwa fragt und beispielweise *„Meine Frau, mein Vater oder ein anderer machen und sagen folgendes"* sagt. Aber am besten ist es ohne einen Namen zu nennen. Es ist auch erlaubt, wenn man einen Namen bekannt gibt.

Es ist erlaubt jemandem Diebe oder Leute der Bidah bekannt zu machen, damit er sich vor ihrem Schaden schützen kann. Wenn jemand etwas kaufen oder heiraten möchte, so sollte man ihm über die Fehler und Mängel dieses Vorhabens aufklären.

Wer einen fehlerhaften/sündigen Spitznamen hat, kann auch so gerufen werden. Da sie nicht traurig darüber sind, weil sie es so gewohnt sind. Aber ihn mit einem anderen schönen Namen zu rufen, ist natürlich besser.

Es ist erlaubt von denen zu erzählen, die sich nicht davor schämen, zu sündigen.

Wie soll man sich gegenüber dem verhalten, der Nachrede betreibt?

1. Zuerst sollte man ihn davon abhalten, Nachrede zu betreiben, indem man das Gute gebietet und das Schlechte verwehrt.
2. Hört er nicht zu, sollte man aufstehen und gehen.
3. Oder man verteidigt den, über den gesprochen wird.

Der Gesandte Allahs sagte:

„Wenn ein Muslim in der Gegenwart von jemanemd erniedrigt wird und er in der Lage ist, ihm zu helfen und macht es nicht, dann wird Allah ihn am Tag des Jüngsten Gerichtes erniedrigen."

Sagt niemand *„Hör auf mit der Nachrede!"* und hört der Nachrede zu und findet es vom Herzen nicht schlecht, dann hat er selber Nachrede und Heuchelei begangen. Denn derjenige, der einer Nachrede zuhört, zählt zu denen, die Nachrede betreiben.[89]

Es gilt als Nachrede, wenn man über den Din, den Charakter, die Abstammung, den Körper, den Lebenswandel, das Haus und sogar über die Kleidung eines Muslims auf eine Art redet, die ihm nicht gefällt.

Die Lösung wie man sich von der Krankheit der Nachrede befreien kann

Über die Verse und Überlieferungen des Gesandten Allahs nachdenken, dass jede Nachrede die Belohnungen aus dem Buch der Taten verringert und ins Buch von dem geschrieben werden, über den man redet, sollte in jeder Situation die Nachrede verhindern.

Die Buße der Nachrede

Die Pflicht für denjenigen, der Nachrede betreibt, ist zu bereuen und traurig darüber zu sein. Danach muss man diejenigen, über die man redete, um Verzeihung bitten.

Wer jemanden, über den man redete, um Verzeihung bittet, muss traurig sein und seine schlechten Taten bereuen. Der Heuchler/Vortäuscher (Riya') bittet denjenigen, über den er redete, um Vergebung um zu zeigen, dass er gottesfürchtig sei. In Wirklichkeit jedoch bereut er nicht die Nachrede. Auf diese Weise hat er noch eine zweite Sünde begangen.

Kann man eine Person nicht mehr um Verzeihung bitten, weil sie verstorben oder unauffindbar ist, so bittet man für diese

89 Kimya-yi Saadet, S.450.

Person um Vergebung, macht *Dua* für sie und begeht viele gute Taten, deren Belohnung man dieser Person überlässt.

Der Gesandte Allahs sagte:

„Jemand begeht Unzucht und bereut es später. Es wird gehofft, dass Allah seine Reue annimmt. Solange demjenigen, der Nachrede betreibt, von Seiten des Geschädigten nicht verziehen wird, wird ihm auch nicht vergeben."

Ein Mensch, der in einer Familie islamisch erzogen wird, in der weder Nachrede betrieben oder einer Nachrede zugehört wird, wird sein Leben lang die Nachrede als etwas Übles betrachten. Er wird sich vor dieser Sünde fernhalten.

Der Argwohn/Die Vermutung/Mutmaßung

Allah gebietet im Quran:

Ihr, die den Iman verinnerlicht habt! Meidet das Meiste vom Spekulieren! Gewiss, manches Spekulieren ist eine Verfehlung. (Hujurat, 12)

Es ist verboten über Allah und seinen Gesandten Spekulationen, die aus Zweifel und Ein-bildung entstehen, anzustellen. Die Spekulation entsteht durch schlechten Charakter und unbegründete Zweifel, die einen beherrschen.

Das Gegenteil von der Spekulation ist die gute Meinung (*Husnudh-Dhann*). Es ist *Wajib* über Allah und seinen Gesandten eine gute Meinung zu haben/positiv zu denken.

Die gute Annahme/Meinung bedeutet über jemanden oder ein Ereignis positiv zu denken und von Herzen zu einer Gewissheit zu kommen.

Man sollte ohne Grund über keinen Vermutungen aufstellen. Man sollte über keine Person *„Sie ist eine gute Person"* urteilen, denn dies wird als schlecht betrachtet, weil es Missbrauch von guter Meinung darstellt.

Nach einer Überlieferung *Bayhaqis* von *Wasilah* erwähnte der Gesandte Allahs, dass Allah sagte:

„Ich bin bei der Meinung, die mein Diener über mich hat. Denkt er gut, so gibt es Gutes für ihn, denkt er schlecht, so gibt es dieses Schlechte für ihn."

Ein Freund von *Yahya bin Aqsam* sah ihn im Traum. Er fragte ihn: *„Was hat Allah mit dir gemacht?"*. Er antwortete:

„Er hat mich einer tiefgründigen Befragung unterzogen. Ich fürchtete mich sehr und sagte: „ Oh Herr! Du wurdest mir nicht so vorgestellt." Er fragte: ***„Wie haben sie mich dir bekannt gemacht?"*** *Ich antwortete: „Mir teilte Abdurrazaq und ihm teilte Muammar und ihm Zahri und ihm Anas und ihm der Gesandte Allahs und ihm Jabrail und ihm teilten Sie mit:*

„Ich bin so zu meinem Diener, wie er über mich denkt und mich erwartet." *„Ich erwartete den Segen von euch." Allah sagte:* ***„Jabrail sagte die Wahrheit. Mein Gesandter sagte die Wahrheit. Anas sagte die Wahrheit. Zahri sagte die Wahrheit. Muammar sagte die Wahrheit. Abdurrazaq sagte die Wahrheit. Ich gebe dir meinen Segen."*** *Daraufhin wurde mir ein wertvoll geschmückter Kaftan gegeben. Die Diener des Paradieses wurden mir geschickt. Ich erlangte Freuden, die es kein zweites Mal gibt."*

Was das gute Denken über die *Muslim* angeht so ist es als gut angesehen. Besonders Vermutungen über einen *Muslim*, deren Gerechtigkeit offensichtlich ist, aufzustellen ist verboten. Es ist *Mustahabb* seine zweifelhaften Seiten positiv auszulegen.[90]

90 Tarikat-i Muhammediye, S.211-214.

Nur Allah kennt die Geheimnisse der Herzen.

Keiner besitzt das Recht über andere schlecht zu denken. Nur, wenn man mit Situationen konfrontiert wird, die keine Deutung mehr zulassen, ist es erlaubt. Schlechte Gedanken, die ins Herz kommen, und deren Wahrheit man nicht kennt, sind vom *Shaytan*. Also soll man sie sofort verneinen. Denn der *Shaytan* ist der schlechteste Frevler.[91] (6)

Allah gebietet im Quran:

Und folge nicht dem, worüber du über kein Wissen verfügst! Gewiss, das Gehör, das Sehen und der Verstand, all diese werden von ihm (vom Menschen) zweifellos verantwortet. (Al Isra, 36)

Vor der Mutmaßung muss man sich besonders stark fernhalten.

Der Gesandte Allahs sagte:

„Allah verbot ohne Zweifel das Blut, Gut des Muslims und dass man schlecht über ihn denkt."[92]

Den Muslimen wurde geraten, dass sie nicht zu einem Entschluss kommen, der auf Vermutungen, Zweifel und Einbildung beruht.

Das Spionieren

Spionieren bedeutet die Diener Allahs nicht unter dem Schutz Allahs zu lassen, ihre geheimen Seiten versuchen rauszufinden, Gehörtes oder Gesehenes zu untersuchen.

---

91 Gazali'den Vaazlar, S.427.

92 Ihya-yi Ulum-id Din, Bd.6, S.530.

Nachrede, Vermutungen und Spionieren werden im gleichen Vers verboten:

Ihr, die den Iman verinnerlicht habt! Meidet das Meiste vom Spekulieren! Gewiß, manches Spekulieren ist eine Verfehlung. Und spioniert nicht, und die einen von euch sollen keine Ghibah1 gegen die anderen begehen! Mag der eine von euch etwa vom Fleisch seines toten Bruders speisen? (Hujurat, 12)

Derjenige, der Vermutungen im Herz führt, begnügt sich nicht mit ihnen sondern möchte außerdem noch untersuchen und urteilen.

Die Fehler der Muslime zu untersuchen und zu verbreiten, bereitet ihnen Schwierigkeiten.

Ein Muslim muss wissen, dass die Untersuchung der Fehler der Muslime eine schlechte Handlung ist. Unwichtig ob man es sah oder hörte, man sollte die Offenbarung der Sünden vermeiden.

Die Lüge

Im Quran steht über die Lügner:

„...und für sie ist qualvolle Peinigung bestimmt für das, was sie zu lügen pflegten." (Al-Baqarah, 10)

In einem Hadith heißt es:

„Die Lüge vermindert den Rizq."

Unsere Mutter *Aisha* sagte:

„Es gab keinen gewaltigeren und schlimmeren Charakter für die Ashab des Gesandten Allahs als die Lüge."

Jemand sollte keinem anderen erzählen, was er von einem anderen Menschen gehört hat und wessen Wahrheit er nicht wirklich kennt. Der Gesandte Allahs zählt das Weitererzählen von Dingen, wessen Richtigkeit oder Falschheit man nicht kennt, als verbotene Lüge.

Ein Muslim sollte keine leeren Versprechen geben

Allah gebietet im Quran:

Ihr, die den Iman verinnerlicht habt! Haltet die Verträge ein! (Al Maidah, 1)

Der Gesandte Allahs sagte:

„Versprechen sind wie Schulden oder noch höher."

Allah lobt diejenigen im Quran, die ihre Versprechen einhalten:

Und erwähne in der Schrift Isma'il! Gewiss, er war wahrhaftig im Versprechen. (Maryam, 54)

Imam Birghiwi sagte:

Es ist eine Art der Lüge, sein Versprechen nicht einzuhalten, indem man es bricht.

Ibrahim An Nahai wurde gefragt:

„Was soll man machen, wenn jemand einem anderen verspricht zu einer vereinbarten Zeit zu kommen und er kommt nicht?"

Er antwortete:

„Er sollte bis zur nächsten Gebetszeit warten."

Allah gebietet im Quran:

Und sage zu keiner Sache: „Ich vollbringe dies morgen." (Kahf, 23)

Wenn man etwas verspricht und unter *inshaAllah* (so Allah will) wird Gewissheit verstanden, dann ist es notwendig dieses Versprechen einzuhalten, es sei denn, man hat eine triftige Entschuldigung.

Es ist Heuchelei, wenn man etwas verspricht und beabsichtigt, es nicht einzuhalten

Der Gesandte Allahs sagte diesbezüglich:

„Bei wem drei Dinge vorhanden sind, der ist ein Heuchler, auch wenn er fastet, betet und sich für einen Muslim hält. Wer lügt, wenn er redet, wer sein Versprechen nicht einhält und wer etwas Anvertrautes veruntreut."

Diese Warnungen sind an diejenigen gerichtet, die keine Absicht haben ihr Versprechen einzuhalten oder die ohne triftigen Grund ihr Versprechen nicht einhalten. Aber diejenigen, die die Absicht haben ihr Versprechen einzuhalten aber es aus irgendeiner notwendigen Veranlassung nicht einhalten können, sind keine Heuchler, auch wenn es äußerlich so aussieht. Es ist jedoch erforderlich, dass man sich auch vor der formalen Heuchelei bewahrt, so wie man sich vor der wahren Heuchelei hütet. Es ist nicht richtig sich als entschuldigt zu präsentieren, es sei denn, es ist eine dringende Notwendigkeit vorhanden.[93]

In einem Hadith heißt es:

„Wie schade um die, die Lügen um die Menschen zum Lachen zu bringen."

Man soll nicht einmal lügen, um andere zum Lachen zu bringen.

Auch ein Kind soll man nicht belügen

Wir sind für unsere Kinder genauso verantwortlich, wie wir für uns und andere wie z.B. unsere Nachbarn verantwortlich

93 Ihya-yi Ulum-id Din, Bd.6, S.464-467.

sind. Ein Kind soll man schon früh bezüglich der Lüge in die richtige Richtung erziehen. Eine Überlieferung, die uns daran erinnert, wird von *Abdullah bin Amr* erzählt:

Der Gesandte Allahs kam zu uns nach Hause. Zu der Zeit war ich ein kleines Kind. Ich machte mich fertig um draußen zu spielen. Meine Mama sagte zu mir:

„Oh Abdullah! Komm, ich werde dir etwas geben."

Der Gesandte Allahs fragte sie:

„Was willst du ihm denn geben?"

Meine Mutter antwortete:

„Ich wollte ihm Datteln geben."

Der Gesandte Allahs sagte:

„Sei vorsichtig! Gibst du ihm die Dattel nicht, wird das, was du sagtest als Lüge in dein Buch eingetragen."

Ein leeres Versprechen dem Kind gegenüber oder über eine bevorstehende Strafe zu reden, um dem Kind Furcht einzuflößen, ist von den erlaubten Lügen. Jedoch erachten die Gelehrten solche Lügen trotzdem nicht als angemessen.

Ein gelogener Schwur ist eine Sünde

Der Gesandte Allahs sagte:

„Es gibt für fünf Dinge keine Buße:

1. ***Für das Beigesellen von Göttern neben Allah. (Shirk)***
2. ***jemanden zu Unrecht töten.***
3. ***Einen Muslim zu verleumden.***
4. ***Im Krieg von der Front flüchten.***

5. ***Zu Lügen um sich zu Unrecht ein Gut anzueignen. Jedoch die schlimmste Art der Lüge und der Verleumdung ist eine Falschaussage."***

Situationen, in denen es erlaubt ist zu lügen

Es gibt keinen Unterschied zwischen einer Lüge aus Ernst oder aus Spaß. Nur in drei Situationen ist es erlaubt:

1. Die Lüge des Mannes um seine Frau zufrieden zu stellen.
2. Im Krieg zu lügen, denn der Krieg ist eine List.
3. Zu Lügen, damit zwei Muslime sich vertragen.

Die Verleumdung

Verleumdung (*Iftira*) bedeutet jemandem etwas anzuhängen, was er nicht gesagt oder getan hat. Die Verleumdung ist die schlimmste Art der Lüge.

Die schlimmste Verleumdung ist es, Allah und seinen Gesandten zu verleumden.

Im Quran heißt es zu diesem Thema:

„Und keiner begeht mehr Unrecht als derjenige, der im Namen ALLAHs Lügen erdichtet oder das Wahre ableugnet, nachdem es zu ihm gekommen war! Gibt es etwa keine Bleibe im Dschahannam für den Kafir?!" (Ankabut, 68)

In einem anderen Vers:

„...als ihr sie (die Ifk-Lüge) mit euren Zungen einander weitergabt und mit euren Mündern das gesagt habt, worüber ihr kein Wissen habt. Und ihr erachtet sie als Kleinigkeit, während sie bei ALLAH etwas Ungeheuerliches ist. (an Nur, 15)

Die Reue der Verleumdung

Sich fest entschließen mit der Verleumdung aufzuhören.

Wenn es geht denjenigen, den man verleumdet hat, um Verzeihung zu bitten.

Denjenigen, in dessen Beisein er andere verleumdete, die Wahrheit zu erzählen.[94]

Der Neid

Der Gesandte Allahs riet den Muslimen, dass sie sich äußerst fernhalten sollen von dem Neid. Der Neid ist gegenüber Gaben. Der Neider erleidet die Güter derer nicht, die er nicht mag.

Der Neid ist ein beunruhigendes Gefühl für das Individuum und die Gemeinschaft.

Neid ist, wenn man möchte, dass die Gaben von jemandem schwinden und manchmal gibt man sich sogar selber Mühe, damit dies passiert.

Tritt der Neid in ein Herz ein und man ist nicht zufrieden damit, dann ist dies nicht schlimm.

Spürt man jedoch keine innere Unzufriedenheit und wünscht sich, dass seine Gaben schwinden oder ihn nicht erreichen und man handelt nach diesem Gefühl und dieses Gefühl ist in manchen Handlungen zu erkennen, dann ist dies verbotener Neid. Handelt man nicht nach dem Neid und ist er nur im Herzen vorhanden, so ist dies auch Neid, aber es gibt Meinungsverschiedenheiten, ob dieser ein Sünder ist und Verbotenes begeht.

In einem Hadith heißt es:

94 Tarikat-i Muhammediye, S.309.

„Ohne Zweifel gibt es Feinde der Gaben Allahs. Das sind diejenigen, die neidisch auf andere sind, denen Allah von seiner Güte Gaben verliehen hat."

In einem anderen *Hadith*:

„Suchet Hilfe, damit die Deckung eurer Bedürfnisse geheim bleibt. Denn jeder Gutsherr wird beneidet."[95]

Die Nachteile des Neides

Der Neid verursacht Sünden, wie Nachrede, Lügen und Beschimpfung etc.

Er ist eine Ursache dafür, dass man der Fürsprache beraubt wird.

In einem Hadith wird gesagt:

„Hütet euch vor dem Neid! Denn der Neid vernichtet eure guten Taten, wie das Feuer das Holz."

Der Neid zerstört den Gehorsam und die gottesdienstlichen Handlungen.

Der Neid ist nur in zwei Situationen erlaubt

Bei jemandem, dem Allah Gaben gegeben hat, die er auf dem Weg der Wahrheit ausgibt.

Bei jemandem, dem Allah Wissen gegeben hat, und der sein Wissen anwendet und den Menschen lehrt.[96]

Wenn jemand neidisch auf jemanden ist, aber nicht wünscht, dass seine Gaben verloren gehen und sich das Gleiche wünscht wie er besitzt, dann ist dies kein Neid und nicht verboten, sondern es gilt als Bewunderung und ist ein guter Wunsch. Im

95 Ihya-yi Ulum-id Din, Bd.7, S.78, 82.
96 Ihya-yi Ulum-id Din, Bd.7, S.79-94.

Gegenteil in religiösen Dingen ist es sogar gut und bei weltlichen Dingen gilt es als Gier, die eigentlich nicht erwünscht ist.

Es wird nicht als etwas Schlechtes betrachtet, wenn man sich die gleichen Gaben wünscht, die ein anderer besitzt ohne zu wollen, dass dieser seine Güter verliert.

Im Quran heißt es:

„...dessen Aroma aus Moschus ist. Und darin sollen die Konkurrierenden konkurrieren." (Mutaffifin, 26)

Die Stufen des Neids

1. Die schlimmste Art des Neides ist, wenn man sich wünscht, dass die Gaben von jemandem schwinden, egal ob sie nun an einen selbst gehen oder nicht.
2. Sich wünschen, dass die Gaben, die beneidet werden, in die eigenen Hände kommen. Zum Beispiel, wenn jemand ein Haus besitzt und man sagt, dass dieses Haus einem selber gern gehören würde. Sein Wunsch ist es, dieses Haus zu besitzen. Die Sache, die ihm Schwierigkeit bereitet ist, dass diese Gabe nicht ihm gehört und nicht dass sie einem anderen gegeben wurde.
3. Sich wünschen, dass man eine ähnliche oder die gleiche Gabe erhält wie sein Besitzer. Sollte diese Gabe nicht in seine Hände gelangen wünscht er sich, dass ein anderer sie auch nicht besitzt.
4. Er wünscht sich eine gleiche Gabe wie die des Beneideten, wünscht sich aber nicht, dass seine Gabe schwindet. Dieser Kategorie bezüglich des Weltlichen wird verziehen. Bezüglich der *Din* ist es *Mandub*.

Allah gebietet im Quran:

„Und wünscht euch nicht das, womit ALLAH den einen von euch vor den anderen ausgezeichnet hat! (An Nisa, 32)

Aus diesem Grund ist es verpönt, sich das Gleiche zu wünschen, was anderen gegeben wurde, nicht aber etwas Ähnliches.[97]

Der Neid schadet der Religion und der Welt einer Person

Der Schaden des Neides bezüglich des Din: Nicht mit der Bestimmung Allahs zufrieden sein, sich gegen Ihn auflehnen, die Gaben, die Er seinen Dienern gewährt, nicht zu mögen, sich gegen Seine Gerechtigkeit auflehnen und aus diesem Grund heraus das, was von Allah kommt, zu leugnen und schlechte Gedanken und Absichten gegenüber den Muslim zu hegen. All diese Dinge sind verboten.

Der weltliche Schaden des Neids ist Kummer, Traurigkeit, Leid und geistige Pein zu spüren.

Der Beneidete wird nicht geschädigt. Denn durch den Neid einer Person verliert er nicht seine Güter und wird auch nicht zum Sünder.[98]

Eine nützliche Tat bezüglich des Neids

Man soll das Gegenteil von dem machen, was einem die Triebseele einflößt. Zum Beispiel wenn der Neid einen dazu treibt, jemanden zu verfluchen, so soll man *Dua* für die Vermehrung der Gaben des Beneideten machen.

Der Diebstahl

Diebstahl bedeutet sich zu Unrecht das Gut eines anderen zu erschleichen. Das ist eine Verletzung der Menschenrechte, ohne die Erlaubnis des Besitzers zu haben.[99]

97 Ihya-yi Ulum-id Din, Bd.7, S.89-98.

98 Tarikat-i Muhammediye, S.188.

99 Celal Yildirim, Büyük Günahlar, Bd.1, S.61.

Allah gebietet im Quran:

„Dem Dieb und der Diebin trennt die Hand ab, als Vergeltung für das, was sie sich erworben haben - eine Strafe von ALLAH. Und ALLAH ist allwürdig, Allweise. Und wer nach seiner Übertretung bereut und gottgefällig Gutes tut, von dem wird ALLAH zweifellos die Reue annehmen. Gewiss, ALLAH ist allvergebend, allgnädig." (Al Maidah, 38-39)

Treten bestimmte Bedingungen im islamischen Recht ein, wird dem Dieb, die erforderliche Strafe im Rahmen der Gerechtigkeit gegeben. Diese Bestrafung sollte man nicht als eine Maßnahme sehen, die die Grenzen der Gerechtigkeit und der Barmherzigkeit überschreitet. Die Bestrafung des Diebes basiert auf dem obigen Vers. Und nur Allah ist der einzige Besitzer von Urteil und Weisheit. Er kennt die angemessenen Strafen, die für Verbrechen gegeben werden, am besten.

Werden Verbrechen, die einen Übergriff auf Leben und Gut darstellen, offen bestraft, dann nehmen sich die anderen Menschen ein Beispiel daran.

Aus diesem Grund machen sie sich den richtigen Weg zur Gewohnheit, um nicht so bestraft zu werden.[100]

Es ist verboten ohne Erlaubnis zu Unrecht das Gut eines anderen zu entwenden oder zu beschlagnahmen, dabei ist die Menge unwichtig.

Die Beleidigung durch Nachrede und Mimik

Im Quran heißt es:

Es gibt verschiedene Bedeutungen und Definitionen über *Humaza Lumaza.*

100 Mustafa Uysal, Mülteka el-Ebhur, Bd.2, S.303.

Ibn Abbas deutete *Humaza* als Überbringer des Gesprochenen zwischen zwei Parteien und *Lumaza* als den Verleumder, der die Fehler der anderen sucht und beschuldigt.

Nach *Ibn Zayd* bedeutet *Humaza* derjenige, der die Menschen anfassend beleidigt und durch sein Verhalten verletzt. *Lumaza* ist derjenige, der die Menschen durch Worte beleidigt und sie zu Unrecht blamiert.

Die Verbreitung von Klatsch und Gerüchten

Allah gebietet im Quran:

Und höre nicht auf jeden erniedrigten Viel-Schwörenden, (der) bloßstellend, Namima verbreitend, das Gute verhindernd, Aggression begehend, viel verfehlend und flegelhaft ist, auch dazu noch ein Bastard ist. (Al Qalam, 10-13)

Der Gesandte Allahs sagte:

„Der Klatsch und Gerüchteverbreiter kommt nichts ins Paradies."

Namima bedeutet jemandem zu übermitteln, was jemand anderes über ihn gesagt hat.

Diese Verbreitung wird meistens aus zwei Gründen gemacht, weil man möchte dass demjenigen, dem man etwas übermittelt, etwas Schlechtes wiederfährt oder weil man seine Liebe erlangen möchte.

Ein Freund besuchte einen der Leute der Weisheit und erzählt dem Weisen manch unpassende Dinge über manche Freunde. Daraufhin sagte der Weise zu dem Besucher:

„Du hast den Besuch in die Länge gezogen und drei Musibah auf einmal verursacht:

1. *Du hast mir meinen Bruder als schlecht und verächtlich dargestellt.*
2. *Du hast mein Herz mit Dingen beschäftigt, die normalerweise nicht in meinem Herzen waren.*
3. *Ich war dir gegenüber sicher und du hast mich dir gegenüber zum Zweifeln gebracht."*

Verbreitung von Klatsch bedeutet ein gesehenes oder gehörtes Ereignis mit einer schlechten und hetzerischen Absicht an andere zu übermitteln und zu verbreiten. Im Gegensatz dazu gilt es nicht als Verbreitung von Klatsch, wenn man andere vor den Listen und Fallen anderer warnen möchte.

In einem Hadith wurde gesagt:

„Derjenige, der bei Allah am liebsten ist, ist der mit dem besten Charakter unter euch, der mit dem Volk gut auskommt und leicht auskömmlich ist. Derjenige unter euch, den Allah am meisten nicht liebt, ist der Verbreiter von Klatsch, der versucht Freundschaften zu zerstören und bei reinen Menschen Fehler sucht."[101]

Das Beharren

Das Beharren auf den Sünden und den verbotenen Dingen ist vom schlechten Charakter.

Die Sünden und das Verbotene von Herzen zu lieben und zu billigen äußert dieses Beharren.

Doch tritt Reue ein und diese Situation wiederholt sich mehrmals des Öfteren am Tag, dann hat das nichts mehr mit Beharren zu tun. Das Gegenteil von Beharren ist zu Allah kehren und bereuen.

---

101 Ihya-yi Ulum-id Din, Bd.6, S.546-552.

Die Rechthaberei

Die Rechthaberei ist eine abscheuliche Eigenschaft. Rechthaberei bedeutet die Wahrheit zu leugnen, obwohl man sie kennt. Ein rechthaberischer Mensch versucht bei einer Diskussion seinen Widersacher mit allen Mittel und gegen alle Regeln mundtot zu machen.

Das bedeutungslose Reden

Der Gesandte Allahs sagte:

„Malayani also auf sinnlose und nutzlose Angelegenheiten zu verzichten, ist von der Schönheit des Muslims."

Der größte Reichtum des Dieners ist seine Zeit. Vertreibt der Diener seine Zeit sinnlos und bereitet keine guten Taten fürs Jenseits vor, so hat er seinen Reichtum verschwendet und ihn in den Bankrott getrieben.

Muwarrak Al Ajali sagte:

„Ich bin seit zwanzig Jahren hinter einer Sache her, aber immer noch nicht erfolgreich gewesen. Trotzdem werde ich von dieser Sache nicht ablassen."

Er wurde gefragt was diese Sache sei und gab zur Antwort:

„Ich möchte schweigen und nicht über Angelegenheiten reden, die mich nichts angehen."[102]

Zum Beispiel gilt als sinnloses Reden, wenn man von einer Reise, oder den gesehenen Dingen auf einer Reise, von Essen, Trinken und Kleidung lange erzählt.

102 Ihya-yi Ulum-id Din, Bd.6, S.390.

Genauso ist es nach unwichtigen Dingen zu fragen. Um die Trauer eines Betroffenen zu beseitigen, um Personen zu trösten , deren Kinder oder Eltern verstorben sind, mit der Absicht einen guten Lebensunterhalt zu gewährleisten, um die Strapazen und Schwierigkeiten einer Reise oder Arbeit zu erleichtern zu reden und sich dabei in Themen zu vertiefen, gilt als unbedenklich. In solchen Situation ist es sogar Mustahabb, humorvoll zu sein. Diese Arten von Reden gelten nicht als sinnlos, wenn sie mit einer guten Absicht getan werden.

Im Quran heißt es:

„Nichts Nützliches liegt in den meisten ihrer heimlichen Unterhaltungen, außer wer aufruft zu einer Spende, zum Gebilligten oder zur Versöhnung zwischen den Menschen." (An Nisa, 114)

Der Gesandte Allahs sagte:

„Frohe Botschaft sei dem, der auf überflüssiges Reden verzichtet und dem, der überflüssiges Gut auf dem Wege Allahs spendet."

Wenn ein Diener seine Absicht in einem Wort oder in einem Satz widergeben kann, so gilt das, was man darüber hinaus redet als überflüssig, auch wenn es keine Sünde darstellt.

Wenn man mehr als nötig redet mit der Absicht schwierige Themen zu erläutern, so gilt es nicht als überflüssig. Besonders gegenüber denjenigen, die schwer verstehen, sollte man detailliert reden und bei Predigten, Ratschlägen, Unterricht und Bildung ist es von Nutzen, sich öfters zu wiederholen.

Kurz und knapp zu reden ist *Mustahabb*, wenn es nicht von Nöten ist.[103]

103 Ihya-yi Ulum-id Din, Bd.6, S.398-401.

Die verwerfliche Rede

Der Gesandte Allahs sagte:

„Hütet euch davor verwerflich zu reden! Denn Allah liebt die verwerfliche Rede und den Zwang zur verwerflichen Rede nicht."

Die verwerfliche Rede bedeutet verwerfliche Angelegenheiten mit offensichtlichen Worten zu äußern. Generell sind dies Worte, die mit dem Geschlechtsverkehr und ähnlichem verbunden sind. Menschen mit verdorbenem Charakter haben diesbezüglich sehr verwerfliche und offensichtliche Ausdrücke. Fromme Personen verabscheuen diese Ausdrücke.

Es ist verpönt, Ausdrücke zu benutzen, die Grenzen überschreiten, dem Charakter und den Traditionen widersprechen, es sei denn, man empfindet es als nötig. Ist es nötig, so sollte man beachten, dass man sich auf eine bedeckte Art äußert.

Die Stufen dieser unsittlichen Ausdrücke sind verschieden. Manche sind schlimmer und unanständiger als andere.

Der Gesandte Allahs sagte:

„Im Islam haben schlechte Wörter oder gegenseitige Beschimpfungen keinen Platz. Aus dem islamischen Aspekt ist der beste der Menschen, der den schönsten Charakter hat."

Was den Menschen zum unanständigen Reden führt, ist entweder der Wunsch seinen Widersacher zu schädigen oder eine Angewohnheit, die man von schlechten Freunden oder Frevlern angeeignet hat.[104]

Die Beleidigung

Die Beleidigung ist eine Angewohnheit von schlecht veranlagten Menschen.

104 Ihya-yi Ulum-id Din, Bd. 6, S. 422-428.

In einem Hadith heißt es:

Die Sünde, die aus der gegenseitigen Beleidigung/Beschimpfung entsteht, gehört dem, der mit der Beschimpfung angefangen hat.

Dies gilt wenn der Beschimpfte mit *„Oh Unwissender!"* oder *„Oh Verrückter"* antwortet, was erlaubt ist. Sagt er aber *„Oh du Unzüchtiger"*, was nicht erlaubt ist, dann sieht das Urteil anders aus. Auch wenn die Sünde von dem mehr ist, der angefangen hat, so gelten beide als Sünder.[105]

In einer anderen Überlieferung heißt es:

„Eine der größten Sünden ist es seine Eltern zu beschimpfen."

Zu denjenigen, die „Beschimpft ein Mensch seine Eltern?" fragten, sagte der Gesandte Allahs:

„Wenn jemand den Vater eines anderen beschimpft und er daraufhin seinen Vater beschimpft."[106]

Ein Muslim ist jemand, der immer seine Zunge beherrscht. Er beschimpft weder die Lebenden noch die Toten und lebt auf eine Art und Weise, wie der gute Charakter es vorsieht.

Den *Din*, *Iman*, die Offenbarungen, die Propheten, die Rechtschulen, die *Kabah*, die *Ashab* zu beschimpfen ist *Kufr*. Zu einem Muslim „Sohn eines Ungläubigen", „Tochter eines Ungläubigen", Frau/ Mann eines Ungläubigen, du gleichst dem Todesengel und den Höllenwärtern zu sagen ist auch *Kufr*.[107]

Das Verfluchen

Der Gesandte Allahs sagte:

„Ein Muslim verflucht nicht."

105 Tarikat-i Muhammediye, S.329.
106 Ihya-yi Ulum-id Din, Bd.6, S.430.
107 Amentü Serhi, S.57.

Es wird als schlecht betrachtet Menschen, Tiere oder Pflanzen zu verfluchen.

In einem Hadith wird gesagt:

„Einen Muslim zu verfluchen ist so wie ihn umzubringen."

Lanat/Fluch bedeutet sich von Allah zu entfernen. Man darf nur diejenigen verfluchen, die Eigenschaften besitzen, welche die Entfernung von Allah erfordern. Ansonsten ist es nicht erlaubt. Und das sind Eigenschaften wie *Kufr* oder Tyrannei.

Zum Beispiel: Der Fluch Allahs sei über den Tyrannen und den *Kuffar*.

Wenn man verflucht; dann muss man sich an die Aussagen des *Quran* und der *Ahadith* halten.

Die Eigenschaften, die das Verfluchen erfordern

1. *Kufr.*
2. *Bidah.*
3. *Fisq*/Frevel.

Es ist gefährlich eine bestimmte Person zu verfluchen. Zum Beispiel: Man sagt *„Allah möge ihn verfluchen er ist ein Kafir, Fasiq oder Anhänger von Bidah."* zu jemandem, der noch lebt. Denn seine Situation kann sich noch jederzeit ändern. Zum Beispiel kann ein Kafir zum Muslim werden und auf diese Weise sterben.

Aber jemanden zu verfluchen, der islamrechtlich gesehen als Kafir gestorben ist, ist erlaubt und ohne Bedenken. Wie *„Allahs Fluch sei über Pharao und Abu Jahil"*. Denn es steht fest, dass sie als *Kuffar* gestorben sind.

Es ist nicht richtig jemanden zu verfluchen, der aus unserer Ansicht als Kafir starb, wenn sich Angehörige dadurch belästigt/angegriffen fühlen.[108]

108 Ihya-yi Ulum-id Din, Bd.6, S.431-437.

In einem Hadith wurde gesagt:

„Die Flucher werden am Tag des Jüngsten Gerichtes weder Fürsprecher noch Zeugen sein."

Man sollte keinen Muslim des *Kufr* oder *Fisq* bezichtigen, solange man sich nicht sicher ist und es nicht untersucht hat..[109]

Imam Birghiwi sagte:

Das passendste für den *Muslim* ist es, niemanden zu verfluchen. Allah hat uns nicht mal damit beauftragt den *Shaytan* zu verfluchen.

Die Kritik – Das Wortgefecht

Mir'ah bedeutet eine Rede von jemandem beanstanden, indem man eine Mangelhaftigkeit oder einen Fehler äußert. Diese benannte Mangelhaftigkeit kann entweder in der Grammatik, der Bedeutung oder dem Hauptgedanken sein.

Die Kritik aufzugeben geht nur, indem man auf den Einwand gegenüber dem Redner verzichtet, den man sich vorgenommenen hatte. Ist dieser Einwand bei einem wissenschaftlichen Thema, so nennt man es *Jadal*/Wortgefecht und dies ist auch verpönt.

Das, was dem *Muslim* gebührt, ist, wenn er etwas hört, dass er es akzeptiert, wenn es die Wahrheit ist. Ist das gesprochene Wort falsch, sollte er das Falsche thematisieren und das Richtige erklären, wenn er denkt, dass es akzeptiert wird. Sich so zu verhalten ist auf eine Art und Weise andere vom Schlechten abzuhalten.

Der Gesandte Allahs sagte:

109 Tarikat-i Muhammediye, S.328.

„Wer bei seiner Behauptung, in der man im Unrecht ist, auf Kritik und Wortgefecht verzichtet, dem wird ein Haus am Rande des Paradieses gebaut. Wer darauf verzichtet, obwohl er im Recht ist, für den wird ein Haus mitten im Paradies gebaut.

Und wer seinen Charakter bei einem Wortgefecht und einer Diskussion verschönert, dem wird ein Haus im höchsten Bereich des Paradieses errichtet."

Der Streit verursacht ein hartes Herz, Hass und Abscheu.

Die Buße für jeden Streit ist zwei *Rakah* zu beten.[110]

Der Streit besteht daraus, dass man versucht, den anderen das Wort zu verbieten. Das Ziel ist ihn mit Worten zu erniedrigen und ihn als fehlerhaft und unwissend darzustellen.

Eines Tages sagte der Gesandte Allahs:

„Kein Volk kam vom Weg ab, nachdem sie die Rechtleitung hatten. Außer diejenigen, die stritten, um ihren eigenen Standpunkt, ob recht oder unrecht, zu verteidigen und ihren Widersacher zu erniedrigen."

Danach las der Gesandte Allahs folgenden Vers:

Und sie sagten: „Sind unsere Götter besser oder er?" Sie prägten es dir nur zum Disput. Nein, sondern sie sind streitsüchtige Leute. (Az-Zukhruf, 58)

Es ist erlaubt und sogar *Mandub*, dass man diskutiert um die Wahrheit ans Licht zu bringen, jedoch sind diese wenig an der Zahl. Denn Allah gebietet im Quran:

„...und disputiere mit ihnen auf die beste Art." (an Nahl, 125)[111]

---

110 Ihya-yi Ulum-id Din, Bd.6, S.405, 406.

111 Tarikat-i Muhammediye, S.335.

Die Satire

Der Gesandte Allahs sagte:

„Streite nicht mit deinem Bruder! Spaße nicht mit ihm!"

Die Sache, die hier von unserem Propheten verboten wird, ist übertriebener und dauernder Spaß. Darum sollte man bei Spaß und Satire nicht die Grenzen überschreiten.

Das dauernde Spaß machen bedeutet, sich mit Spiel und Vergnügen zu beschäftigen. Das Spiel ist erlaubt, aber dauernd zu spielen, ist verpönt.

Übertriebener Spaß erfordert das Lachen. Und zu viel Lachen tötet das Herz ab. In manchen Situationen verursacht es sogar Hass. Die Würde, die Ernsthaftigkeit und der Respekt gehen verloren. Darum wird die Übertriebenheit nicht bewilligt.

Der Gesandte Allahs sagte:

„Ja ich spaße auch. Jedoch sage ich nur, was wahr ist."

Das verpönte und verbotene Lachen ist das laute Lachen. Lächeln ist erlaubt. Lächeln bedeutet ohne einen Ton von sich zu geben zu lächeln, dass man die Zähne sehen kann.

Im Islam ist das Spaßen sofern erlaubt, dass man die islamischen Richtlinien nicht überschreitet.

Der Gesandte Allahs spaßte, aber er sprach bei seinen Späßen nur die Wahrheit.

Der Gesandte Allahs scherzte ab und zu mit Kindern, Alten, seiner *Ashab* und seinen Frauen um sie zu erfreuen.

Aisha erzählt:

Ich war zusammen auf einer Reise mit dem Gesandten Allahs. Zu dieser Zeit war ich dünn und nicht schwer. Der Gesandte Allahs sagte zu seinen Gefährten: ***„Geht voraus!"*** *Sie gingen voraus und danach sagte er zu mir:*

„Los lass uns um die Wette laufen.“ *Wir liefen um die Wette und ich überholte ihn. Daraufhin schwieg er. Mit der Zeit nahm ich zu und vergaß dieses Ereignis. Ich war wieder auf einer Reise mit ihm zusammen. Er sagte zu seinen Gefährten:* ***„Geht voraus!“*** *und sie gingen voraus. Danach sagte er zu mir:* ***„Los lass uns um die Wette laufen.“*** *Wir liefen um die Wette und diesmal überholte er mich und fing an zu lachen. Daraufhin sagte er:* ***„Dies ist der Ausgleich für das andere Rennen.“***

Passende Späße, die nicht auf einer Lüge basieren, die erziehen und nicht verletzen, die ab und zu und nicht zu oft gemacht werden, sind unbedenklich.

Späße und Satiren sind nicht verboten, aber gemäßigt einzusetzen.

Omar fragte eines Tages die Leute, die um ihn herum waren:

„Wisst ihr warum Mizah Mizah genannt wird?“

„Nein, wir wissen es nicht“ antworteten sie.

Omar sagte:

„Denn Mizah lässt einen von der Wahrheit abschweifen. Und darum wurde das Wort Mizah zum Namenswort, weil es Verschieben/Abschweifen bedeutet.“

Der Islam meint mit Späßen, diejenigen Späße, die innerhalb der islamischen Richtlinien gemacht werden.

Das Gelächter

Im Quran heißt es:

„...und dass ER doch Derjenige ist, Der lachen und weinen ließ.“ (An Najm, 43)

Weinen und Lachen sind besondere Gefühle, welche Allah beim Menschen erschafft. Jedoch wurde das Lachen im Islam begrenzt. Es wird nicht als gut angesehen in unangepassten Situationen dauernd zu lachen und andere zu belustigen.

Der Gesandte Allahs sagte:

„Wenn ihr wüsstet, was ich wüsste, dann würdet viel weinen und wenig lachen."

Einige versuchen die Menschen zum Lachen zu bringen, so wie es grad passt. Auch bei einer Rede, durch welche man anderen zum Lachen bringen möchte, sollte man vorsichtig sein.

Das Verspotten

Verspotten bedeutet, die Fehler und Mängel von jemandem durch erniedrigende und belustigende Handlungen offenkundig zu machen. Es bedeutet sich über jemanden zu belustigen. Dies kann durch Worte, Bewegungen, Hinweise und Andeutungen geschehen.

Sich über jemanden lächerlich zu machen ist verboten, wenn dies denjenigen verletzt.

Allah gebietet im Quran:

Ihr, die den Iman verinnerlicht habt! Es sollen weder Männer sich lustig über (andere) Männer machen - vielleicht sind sie besser als sie, noch Frauen über (andere) Frauen - vielleicht sind sie besser als sie. (Al Hujurat, 11)

Ein Muslim mit einem guten Charakter hütet sich davor, die Menschen von oben herab zu betrachten und sie zu verspotten.

Der Gesandte Allahs sagte:

„Wer seinen Bruder in der Din wegen einer Sünde, für die er längst Reue zeigte, blamiert, der wird nicht sterben ohne von dieser Sünde befallen zu werden."[112]

112 Ihya-yi Ulum-id Din, Bd.6, S.462.

Jemandem einen schlechten Spitznamen geben

Ein Spitzname ist ein Name oder eine Eigenschaft, die entweder Lob oder Diffamierung äußert.

Es ist nicht erlaubt, dass ein Muslim einen anderen Muslim mit einem Spitznamen anredet, der ihm nicht gefällt.

Allah gebietet im Quran:

Und macht euch nicht gegenseitig schlecht und gebt euch keine Schimpfnamen! Erbärmlich ist der Fisq-Name nach dem Iman. Und wer nicht bereut, so sind diese die Unrecht-Begehenden. (Al Hujurat, 11)

Ein guter Spitzname ist jedoch erlaubt. Es ist nicht schlimm jemanden mit einem schlechten Spitznamen zu rufen, wenn er nur durch diesen bekannt ist.

Es wird als gut empfunden, jemanden mit guten Spitznamen zu erwähnen, die ihnen gefallen, wie Hamza *„der Löwe Allahs"* und Khalid bin Walid *„das Schwert Allahs"* genannt wurden.

Die Täuschung

Ein Muslim täuscht und betrügt nicht.

So wie nach einer Überlieferung Muslims erwähnt wird, bekam der Gesandte Allahs nasse Finger, als er vor einem Korb hielt und seine Finger hineinsteckte. Daraufhin fragte er den Besitzer des Korbes:

„Was ist das?"

Der Mann antwortet: „Oh Gesandter Allahs, es hat geregnet."

Der Gesandte Allahs sprach:

„Könntest du nicht das Nasse nach oben legen, damit die Menschen es sehen? Wer uns täuscht, ist nicht von uns.“[113]

Die Verwendung von groben Worten

Im Quran heißt es:

„Doch wärest du barsch, hartherzig gewesen, hätten sie dich gewiss verlassen.“ (Ali Imran, 159)

Unser geliebter Prophet wurde gebeten:

„Oh Gesandter Allahs! Teile uns so etwas mit, was uns das Paradies notwendig macht.“

Der Gesandte Allahs antwortete:

„Was das Paradies notwendig macht, ist für Allah zu speisen, jeden Muslim, den man kennt oder nicht kennt zu grüßen und gut zu reden, indem man sich vor groben Worten hütet.“[114]

Die Unruhe

Fitnah bedeutet sich selber Schmerz, Schwierigkeiten und Unheil zu bereiten ohne einen religiösen nutzen dabei zu haben. Zum Beispiel: Das Volk aufzuwiegeln und Unruhe zu verbreiten, sich gegen die Eltern aufzulehnen, Zwietracht zischen zwei Freunden stiften, ohne Grund eine Rede in die Länge ziehen und unverständlich zu reden, gelten als Unruhestiftung.

---

113 Ihya-yi Ulum-id Din, Bd.4, S.67.

114 Tarikat-i Muhammediye, S.370.

Es ist Unruhestiftung, wenn man bei einer Angelegenheit Fehler macht, weil man in seinen Gedanken und Taten nicht gemäßigt ist, das Volk an nicht mehr verwendete Worte zu erinnern, mit vergessenen Fatwas urteilen oder sich auf schwache Überlieferungen stützen, wodurch Meinungsverschiedenheiten und Unruhe entstehen.

Allah gebietet im Quran:

Und die Fitna ist härter als das Töten. (al Baqarah, 191)

In unserer Din ist es eine große Sünde, Unruhe zu stiften.

Die Disziplinlosigkeit

Es bedeutet nicht ernsthaft/reif aufzutreten und sich auf einem niedrigen Charakterniveau zu befinden. Geht man auf dem Weg oder sitzt und guckt alles und jeden an, versucht allem zuzuhören was geredet wird, fragt man nach Angelegenheiten, die weder einen weltlichen noch einen religiösen Nutzen haben, beeilt sich bei Fragen und Antworten, bewegt seine Körperteile unnötig, ordnet ununterbrochen seine Kleidung, obwohl es nicht von Nöten ist, spielt mit ihnen rum, beweget die Füße ohne Grund usw. All diese Dinge kommen durch charakterliche Niveaulosigkeit und Disziplinlosigkeit zustande.[115]

Die Disziplinlosigkeit wird in unserer Din nicht gut angesehen.

Die Eile

Die Eile ist eine Eigenschaft, die einen Menschen dazu führt, einen festen Gedanken/Willen, der im Herzen vorhanden ist,

115 Tarikat-i Muhammediye, S.284.

eilig in die Tat umzusetzen, ohne die Sache genau untersucht zu haben. Oder es ist ein Wille/Wunsch, der einen Menschen zu eiligem Handeln führt, ohne dass die Bedingungen und Erfordernisse gegeben sind, die zu der Erfüllung des Wunsches führen.

Im Quran heißt es:

„Der Mensch ist aus Eile erschaffen. ICH werde euch Meine Ayat zeigen, so fordert keine Eile von Mir. (al Anbiya, 37)

Der erste Schaden der Eile ist Schlaffheit und Unmut. Dies verursacht, dass der Mensch sich von den guten Dingen entfernt und sein Wunsch nicht erfüllt wird. Zum Beispiel: Man möchte eine gute Arbeit oder ein gutes Amt. Man beeilt sich sofort, damit es sich verwirklicht. Und wenn es nicht klappt, treten Schlaffheit, Müdigkeit und Hoffnungslosigkeit als Ergebnis von übertriebener Bemühung ein. Schließlich erreicht man sein Ziel nicht. Oder jemand betet zu Allah, wegen eines Bedürfnisses und möchte, dass seine *Dua* sofort erhört und anerkannt wird. Nach einer kurzen Zeit sieht er, dass seine Bitte in Erfüllung geht und hört auf weiter zu beten, so wird er seines Wunsches beraubt.

Der zweite Schaden ist, dass man sich nicht mehr von den zweifelhaften Dingen fernhält. Denn die Anforderung der Gottesfurcht ist es, dass man sehr achtsam ist.

Einer der Schäden der Eile ist die Gefahr, dass man die Wahrhaftigkeit bei den Absichten verliert.

Ein anderer Schaden der Eile ist, dass man die Regeln, *Wajib, Fardh, Sunnah* bei den Taten nicht sorgfältig beachtet, was zu Mangelhaftigkeit und Annullierung der Taten führen kann. Zum Beispiel: Wer sich beeilt um das Gebet zu beenden, vernachlässigt die Verbeugungen, Niederwerfungen, die *Tasbihat* und kommt durcheinander usw...

Und diese Dinge führen dazu, dass seine gottesdienstlichen Handlungen ins Leere gehen oder Mangelhaftigkeit vorweisen.

Ein Mensch sollte bei all seinen Angelegenheiten/Handlungen an die jetzige Situation und sein Ausgehen denken.

Das besonnene Handeln ist von Allah und die Eile vom Shaytan

Khatami Asam sagte, dass die Eile vom *Shaytan* ist, außer bei fünf Dingen:

1. Die Gäste zu sättigen.
2. Den Toten zu bestatten.
3. Ein jungfräuliches/lediges Mädchen zu verheiraten.
4. Um Schulden sofort zu begleichen
5. Bereuen von Sünden.

Bei diesen fünf Angelegenheiten eilig zu handeln ist *Sunnah.* Verzögerung oder Verspätung gibt es bei Angelegenheiten, die mit dem Jenseits zu tun haben, nicht.

Der Gesandte Allahs sagte:

„Beeilt euch bei den guten Taten."

Die Feindschaft

Feindschaft bedeutet auf einem Wort, einer Situation zu beharren, die mit der Forderung eines Rechtes oder Gutes verbunden ist.

Der Gesandte Allahs sagte:

„Die Männer, die Allah am meisten nicht lieb hat, sind die, die auf einem Streit beharren."

Wer unwissend bei einer Feindschaft streitet, zieht solange den Zorn Allahs auf sich, bis er stirbt oder bis er auf den Streit verzichtet.

Derjenige, der im Recht ist und dem Unrecht widerfahren ist, kann Anklage erheben und sein Recht einfordern. Hier wird die auf Unrecht und Unwissenheit basierende Feindschaft kritisiert. Man denkt sogar im Gebet daran, welche Beweise man gegen seinen Feind benutzen wird. Auch im Notfall sollte man versuchen, sein Herz und seine Zunge vor den schlechten Ergebnissen der Feindschaft zu bewahren. Denn die Feindschaft lässt einen verzweifeln und verursacht Wut. Der Anfang jeder schlechten Sache ist die Feindschaft. Darum ist großer Nutzen darin vorhanden, von ihr abzulassen.

Es gibt solche, die wissend ihren Gegner erniedrigen und mehr Verlangen als ihnen zusteht und darauf beharren. Einige erheben nur aus Dickköpfigkeit Anklage, obwohl es nicht nötig ist, die Wahrheit zu beweisen. Ihre einzige Absicht ist es ihrem Gegner Mühe zu bereiten. Solche Verhaltensweisen sind verboten.[116]

Die weltliche Liebe

Der Gesandte Allahs sagte:

„Die weltliche Liebe ist der Anfang und der Grundstein für alles Falsche."

Isa sagte:

„Die Liebe zum Weltlichen und zum Jenseits sind in keinem Herzen eines Muslims zusammen, so wie Wasser und Feuer nicht in einem Behälter zusammen sein können!"

Es wird überliefert dass *Jabrail, Nuh* fragte:

116 Ihya-yi Ulum-id Din, Bd.6, S.414, 415.

„Oh Prophet mit dem längsten Leben unter den Propheten, wie sahst du die Welt?"

Nuh antwortete:

„Wie ein Haus mit zwei Türen... Ich betrat sie durch die eine und verließ sie durch die andere."

Viele Verse im ehrwürdigen Quran rufen dazu auf, dass man sich von der Welt abwendet und sich dem Jenseits zuwendet.

Imam Ghazali sagte:

„Vielleicht war dies das Ziel der Propheten. Sie wurden nur dafür gesandt."

Hasan Basri schrieb dem *Khalifen Omar bin Abdulaziz* einen Brief:

„Gegrüßt seist du, du bist wie ein Mensch, dessen Tod als letztes bestimmt wurde und der als letztes stirbt."

Der *Khalif* der *Abbasiden Omar bin Abdulaziz* schrieb als Antwort:

„Du bist in dieser Welt wie ein nichtexistierendes Geschöpf und im Jenseits warst du nie nichtexistent."

Das Erlaubte der Welt bringt Rechenschaft und das Verbotene Bestrafung.

Im Quran heißt es:

Wisst, dass das diesseitige Leben doch nur Vergnügen, Ablenkung, Schmuck, Wichtigtuerei unter euch und Vermehrung an Vermögen und Kindern ist. (Al Hadid, 20)

Die Traurigkeit über weltliche Angelegenheiten

Die Traurigkeit über das Weltliche wird verursacht durch die Liebe zum Weltlichen und durch die Erwartung, dass alle

Wünsche in Erfüllung gehen und nicht vergehen. Wenn weltliche Güter verloren gehen, so soll man innerlich nicht übertrieben traurig sein und wenn man weltliche Güter erhält, so soll man sich nicht übertrieben freuen. In jeder Situation soll man Allah dankbar sein.

Im Quran heißt es:

> ***„Damit ihr nicht um das trauert, was euch entgangen ist, und euch nicht übermäßig freut über das, was euch gewährt wurde. Und ALLAH liebt nicht jeden sich wichtigtuenden Prahler." (Al Hadid, 23)***

Es gebührt einem *Muslim* nicht, dass er durch weltlichen Verlust Angst oder Zweifel in seinem Herzen verspürt.

Traurig ist man über vergangene Dinge und Angst hat man vor den bevorstehenden Dingen.

Die Ursachen, warum man über Weltliches traurig ist

Angst vor den weltlichen Angelegenheiten zu haben: wie Armut, Krankheit oder die Vorstellung und Befürchtung, dass einem Unheil/*Musibah* widerfährt.

Es ist in der Tat schlecht, sich vor der Armut zu fürchten. Denn die Armut ist der Zustand unseres Propheten, vieler anderer Propheten, von *Awliya* und Frommen. Eigentlich ist die Armut eine Gabe und ein Anzeichen von Glückseligkeit...

Außerdem ist in der Furcht vor Armut schlechtes Denken über Allah vorhanden.

Allgemein sind folgende Dinge die Ursache für Angst vor Armut:

Aus Angst vor dem Tod oder Hunger und aus Angst krank zu werden und so seinen Lebensunterhalt nicht mehr bestreiten zu können. Daraus entwickeln sich gewaltige Zweifel und Schwierigkeiten.

Egal in welchem Zustand wir sind, der Tod wird uns einholen. Entweder kommt er unerwartet oder durch einen bestimmten Grund. Wenn bestimmt wurde, dass wir aus Hungersnot sterben, dann gibt es keine Rettung davor. Wurde der Hunger nicht als Ursache bestimmt, so ist es nicht möglich. dass wir vor Hunger sterben. Das soll jedoch nicht bedeuten, dass man nicht arbeiten soll. Man soll es sich nicht wünschen arm zu sein, jedoch sollte man geduldig mit ihr sein und nicht in Panik geraten.

Aus Angst arbeiten zu müssen: Der Gesandte Allahs und die anderen Propheten arbeiteten auch. Angst vor dem Arbeiten kann nur aus Riya / Heuchelei, Hochmut oder Faulheit entstehen. All diese Eigenschaften werden als schlecht betrachtet. Es ist meistens möglich, dass der arbeitende Mensch seinen Lebensunterhalt sichern kann.

-Aus Angst vor dem Betteln.

Die Bettelei ist eine im Islam verpönte Erwerbsmethode. Der Islam schließt der Bettelei die Türen. Der Gesandte Allahs sagte:

„Die Gebende Hand ist besser als die Nehmende. Die bessere Hand ist die, die spendet und gibt und die untere Hand ist die Bettelnde.“

Hier wird derjenige gemeint, der bettelt und in der Lage ist eine andere Tätigkeit auszuführen. In Notsituationen ist betteln erlaubt.

Aus Angst vor Krankheit: Diese Angst kann entweder durch die Befürchtung entstehen, dass man auf die Gaben verzichten muss, von denen man umgeben ist oder durch den Gedanken, dass man seine gottesdienstlichen Handlungen nicht richtig erfüllen kann und so wenig Belohnung erhält. In einer Krankheitssituation soll man geduldig sein, sich behandeln lassen und nicht vergessen, Allah zu danken und zu preisen.[117]

In einem Hadith heißt es:

„Das Wimmern eines Kranken ist Lobpreisung/Tasbih, sein Schreien Tahlil und sein Atem Sadaqah. Sein Schlaf ist Gottesdienst und seine Verlegung Jihad auf dem Wege Allahs. Die Taten, die er im kranken Zustand nicht ausführen kann, werden ihm so gut geschrieben, so als wenn er sie im gesunden Zustand auf beste Weise machen würde.“

Die *Musibah*/Das Unheil/ Die Prüfung ist verbunden mit dem Schicksal/*Qadar*. Ein Mensch sollte sich eine *Musibah* nicht wünschen. Aber geduldig mit Prüfungen umzugehen, ist ein Anzeichen eines reifen Muslims.

Die Undankbarkeit für Gaben

Kufranu Ni'mah Das bedeutet die Gabe zu verdecken/leugnen, unkenntlich machen und nicht daran zu denken, von wem diese Gaben stammen.

Die Gaben Allahs bei Angelegenheiten zu gebrauchen, die Allah nicht liebt, ist Undankbarkeit gegenüber den Gaben.

Die Hände wurden geschaffen, damit man Arbeiten erledigen kann. Mit der Hand isst, trinkt und arbeitet man usw... Werden mit der Hand Sünden begangen, so ist dies Undankbarkeit. Zum Beispiel: Mit der linken Hand den Quran zu halten ist Undankbarkeit, denn man hat die Grenzen überschritten, die Allah nicht liebt.

117 Tarikat-i Muhammediye, S.277-279.

Der Hochmut

Der Hochmut ist eine sehr schlechte Eigenschaft.

Im Quran heißt es:

Meine Ayat werde ICH nicht wahrnehmen lassen diejenigen, die sich zu Unrecht auf der Erde in Arroganz erheben. (Araf, 146)

Gewiss, ER liebt nicht die sich in Arroganz Erhebenden. (An Nahl, 23)

Der Gesandte Allahs erklärt ganz klar wie schlecht der Hochmut ist:

Wer einen Staubkorn Hochmut im Herzen hat, kommt nichts ins Paradies.

Die Wahrheit des Hochmuts

Der Hochmut teilt sich in innerlichen und äußerlichen Hochmut.

Der innerliche Hochmut ist, dass man sich höher und besser sieht als andere und dass man dadurch ein Gefühl der Freude im Herz entwickelt. Diese Tendenz nennt man Hochmut.

Der äußerliche Hochmut ist, dass sich der Hochmut im Herzen in den Handlungen äußert. Dies erkennt man an der Art des Sprechens, Sitzens, Laufens, Essens und bei anderen Verhaltensweisen. Die Quelle des Hochmutes ist es andere als minderwertig, verächtlich und niedrig anzusehen. Der Hochmut verursacht viele anderen schlechte Charaktereigenschaften.

Ein hochmütiger Mensch betrachtet keinen mit Demut. Er kann sich nicht vor Hass und Neid retten. Seine Wut kann er nicht bezwingen. Seine Zunge kann er nicht vor der Lästerei bewahren. Er erwartet Respekt. Beim Laufen und Hinsetzen beharrt er auf seinem Vorrecht.

Die schlimmste Art des Hochmutes ist die Wahrheit nicht zu akzeptieren.

Die Anzeichen des Hochmuts

Manchmal kann der Hochmut einer Person verborgen bleiben, sie denkt sogar, dass sie keinen Hochmut in sich trägt.

Imam Birghiwi zählte einige Anzeichen des Hochmuts auf:

Zu erwarten und Gefallen daran finden, dass die Menschen Respekt zeigen und aufstehen ohne dies auch noch zu bereuen. Spürt man innerlich eine Ablehnung gegen diese Art von Respekt, dann ist diese eine natürliche Neigung, die entsteht und die unschädlich ist.

Jemand anderen nicht besuchen, auch wenn man für sich oder andere Menschen Gutes dadurch erhofft.

Sich zu genieren eine Versammlung zu betreten in der Kranke und Behinderte anwesend sind.

Zu Hause nicht einen Finger rühren.

Wertlose Gegenstände (Krempel) nicht zu tragen.

Davor flüchten, niedere Kleidung zu tragen.

Der Gesandte Allahs sagte:

„Alte geflickte Kleidung zu tragen ist vom Iman."

Die Einladung von Armen nicht akzeptieren, aber der Einladung von Reichen zusagen.

Die Wahrheit nicht anzuerkennen bei einer Diskussion mit einem Freund. Dies geschieht entweder, weil er den Worten seines Bruders keine Beachtung schenkt, weil er ihn unterschätzt oder als gering beachtet oder weil er dickköpfig ist und auf Unrecht beharrt.[118]

Die Ursachen für Hochmut

Hochmut wird durch Überheblichkeit und durch den Glauben, dass man eine Eigenschaft der vollkommenen Eigenschaften besitzt, verursacht.

Diese Eigenschaften können weltlich, aber auch religiösen Ursprungs sein.

1.Das Wissen. Der Wert des Wissens ist bei Allah groß. Auch bei den Menschen ist das Wissen hoch angesehen.

Jedoch sollte der Mensch wissen, dass das Zeugnis Allahs gegenüber den Wissenden stärker ist.

Im Quran heißt es:

Das Gleichnis derjenigen, denen At-taurat auferlegt wurde und sie dann nicht trugen, ist wie das Gleichnis des Esels, der Bücher trägt. (Al Jumah, 5)

Ein Wissender darf niemals vergessen, dass der Hochmut und die Überheblichkeit verboten sind.

Dem wissenden Diener gebührt es, niemandem gegenüber hochmütig zu sein. Schaut er einen Unwissenden an, so soll er sagen *„ Er lehnte sich gegen Allah durch sein Unwissen auf und ich lehnte mich mit meinem Wissen auf. Aus diesem Aspekt steht er über mir.“*. Schaut er einen Gelehrten an, so soll er sagen *„Er weiß das, was ich nicht weiß. Wie kann ich nur wie er werden?“*. Schaut er einen vom Alter her Älteren an, so soll er sagen *„Er hat vor mir angefangen Allah zu dienen und zu gehorchen“*. Schaut er einen Jüngeren an, so soll er sagen *„ ich habe mich vor ihm gegen Allah aufgelehnt“*. Schaut er gleichaltrige an.

118 Tarikat-i Muhammediye, S.171.

so soll er sagen *„Ich kenne meinen Zustand, aber seinen kenne ich nicht. Dem Bekannten gebührt es eher im Gegensatz zu dem Unbekannten, gedemütigt zu werden."*

Die *Ashab* fürchteten sich sehr vor der Hochmut.

2.Taten und gottesdienstliche Handlungen.

Die Krankheit des Hochmuts kann bei Personen, die sich sehr mit gottesdienstlichen Handlungen beschäftigen, beobachtet werden. Diejenigen, die Allah viel anbeten (*Abid*) und trotzdem in der Benommenheit/ *Ghaflah* sind, die wollen, dass die Menschen sie begehren, die sich selber als demütig und gottesfürchtig präsentieren wollen und die, die wollen, dass die Menschen sie in ihre Herzen schließen. Einige dieser Krankheiten sind schlimmer als andere, so dass sie sich als Errettete betrachten und die anderen Menschen als vernichtet.

Der Gesandte Allahs sagte:

„Wenn ihr hört´, dass jemand „Die Menschen sind vernichtet" sagt, dann wisset, dass er der am meisten vernichtete unter ihnen ist." [119]

Viel Gottesdiener (*Abid*) denken, dass wenn sie jemand nicht ernst nimmt oder sie verletzt, dieser von Allahs Segen fern ist.

Er denkt so, weil er sich bei Allah für etwas Besonderes hält. Einige denken, sogar dass es ein Wunder (*Karamah*) ihrerseits ist oder dass Allah in ihrem Namen Rache genommen hat, wenn jemanden ein Unheil trifft, welcher ihn vorher peinigte.

Die Gottesdiener mit Verstand hingegen sagen wie die Großen vor ihnen, wenn sie vom *Arafat* zurückkehren:

Wäre ich nicht unter ihnen gewesen, so erhoffte ich für alle Pilger den Segen Allahs.[120] Solcheine Demut legen sie an den Tag.

119 Ihya-yi Ulum-id Din, Bd.7, S.617.
120 Gazali'den Vaazlar, S.525.

3.Die Besonderheiten in der Schöpfung einer Person: so wie die Schönheit des Körpers oder der Stimme. All diese Eigenschaften sind dazu verurteilt, eines Tages zu vergehen. Dies kommt meistens bei den Frauen vor.

Anas erzählte: *Abu Bakr trug uns die Khutbah vor und sagte um unsere Triebseelen in unseren Augen zu mindern:*

„Jeder Mensch kommt zweimal am Weg des Urins vorbei."

4.Kraft, Macht und Heldentum. Durch eine Krankheit oder einen Unfall kann man seine Kraft und Macht verlieren. Die Kraft des Körpers ist nicht von Dauer. Sie ist wie ein sofort verschwindender Schatten. Das Alter tritt schnell ein. In einem kranken Zustand hat man keine Kraft mehr um eine Heldentat zu vollbringen.

5.Scharfsinnige Intelligenz, durch welche man die Feinheiten der Welt und des Din erkennt. Egal wie viel Wissen ein Diener besitzt, so wurde ihm doch nur sehr wenig vom Wissen gegeben. Es gibt mehr Dinge, die man nicht weiß, als Dinge, die man weiß. Nimmt Allah einem Menschen seinen Verstand, wird er dumm.

Ein Mensch muss dankbar für seinen Verstand sein, den Allah einem zuteilwerden ließ.

6. Von einer ehrbaren Familie Abzustammen. Die Rettung einer Person hängt nicht von seiner ehrbaren Abstammung ab. Allah bezeichnet die Gottesfurcht als vorrangigen Maßstab:

Gewiss, der Würdigste von euch bei ALLAH ist derjenige mit am meisten Taqwa. (Hujurat, 13)

Wer von einer ehrbaren Herkunft ist, sieht sich trotzdem höher als jemand, der nicht von einer guten Abstammung ist, auch wenn er vom Wissen und den Taten her vorzüglicher ist. Solch eine Überheblichkeit bedeutet sich mit der Vollkommenheit,

Würde, Ehre und Berühmtheit anderer zu brüsten. Und sich mit der Vollkommenheit anderer zu brüsten, ist Unwissenheit.

Als Allah den Vers ***„Und warne deine nahen Verwandten!" (Ash-Shuara, 214)*** offenbarte, versammelte der Gesandte Allahs seine Verwandten und Nachkommen und sagte zu ihnen:

„Oh Muhammads Tochter Fatima, Oh Tante des Gesandten Allahs und Tochter Abdulmuttalibs Safiyyah! Begeht Taten für euch selber und betet Allah an. Denn ich kann euch nicht vor der Strafe Allahs bewahren."[121]

7. Eine große Anzahl an Verwandten, Helfern und Kindern. Stirbt man, so wird man sich von ihnen trennen und mit seinen Taten und den Engeln, die einen befragen werden, allein sein.[122]

Allah weist im Quran darauf hin, dass dies keinen Nutzen haben wird:

> ***„...an dem Tag, wenn der Mann vor seinem Bruder flieht sowie (vor) seiner Mutter und seinem Vater und seiner Gefährtin und seinen Kindern." (Abatha, 34-36)***

Weder die Familie, noch Kinder, noch Verwandte, keiner wird mit einem ins Grab kommen. Der Mensch wird sogar in seiner bedürftigsten Zeit allein gelassen.

8. Das Gut. Ein wahrhaftiger *Muslim* verhält sich der Rechte seines Gutes nicht mangelhaft und erfüllt seine Aufgaben.

Jeder Besitzer von Gut wird danach gefragt werden, wo er es verdient und wo er es ausgegeben hat. Nur wer die Nachteile des Reichtums nicht kennt, kann hochmütig sein. Wer anderen offen Almosen gibt, ist auch von der Krankheit des Hochmuts und der Heuchelei befallen.

---

121 Ihya-yi Ulum-id Din, Bd.8, S.79.

122 Ihya-yi Ulum-id Din, Bd.7, S.619-628.

Der Hochmut ist verboten

Außer hochmütigen Menschen, den Feinden im Krieg gegenüber und im Moment der Almosen, ist Hochmut verboten.

Das Ziel von dem hochmütig sein im Moment der Almosen ist, sich dem Geber der Almosen gegenüber gesättigt zu verhalten und das Gegebene nicht zu beachten. Ein Armer sollte sich den Almosen nicht freuend zuwenden. Der Geber darf den Almosen keine Bedeutung beimessen und sollte sich nicht so verhalten, als wenn er sich bei einer großen Güte befinden würde. Es ist nicht verboten mit weltlichen Dingen anzugeben ohne hochmütig zu sein, aber trotzdem wird es als eine schlechte Eigenschaft angesehen.

Die Stufen des Hochmuts

Die erste Stufe der Hochmut ist gegenüber Allah. Der Hochmut von Pharao und *Namrud* sind von dieser Art.

Im Quran heißt es:

„Almasih wird es niemals verweigern, ein Diener ALLAHs zu sein, ebenso die auserwählten Engel. (An Nisa, 172)

Diejenigen, die sich schämen/nicht wagen, dass sie Muslime sind, sind durch die Aussage dieses Verses in Gefahr. Solche Menschen betrachten die Dienerschaft gegenüber Allah als minderwertig und verfallen dem Hochmut, obendrein passt der Islam nach ihrer Auffassung nicht zu ihnen.

Leider gibt es solche, die in so einer *Ghaflah* und Unwissenheit versunken sind.

Die zweite Stufe: Der Hochmut gegenüber dem Gesandten Allahs. Der Hochmut der *Kuffar* der *Quraish* und der Juden ist von dieser Art.

Die Juden können es nicht verdauen, dass der Gesandte Allahs nicht von ihnen stammt. Und die *Quraish* ***sagten: Und sie sagten:***

„Wäre dieser Quran doch einem erhabenen Mann aus den beiden Ortschaften hinabgesandt worden!" (Az Zukhruf, 31)

Die dritte Stufe: Der Hochmut den Dienern Allahs gegenüber.

Der Hochmut ist eine göttliche Eigenschaft. Diejenigen, die angeben und hochmütig sind, sagen indirekt, dass sie eine Eigenschaft des Schöpfers besitzen. Aus diesem Grund verdienen sie die Strafe, von der der Gesandte Allahs berichtet hat.

Die Wege den Hochmut zu beseitigen

Den Hochmut zu beseitigen ist eine individuelle Pflicht (*fardhu Ayn*).[123] Nur durch wünschen kann man den Hochmut nicht beseitigen. Es gibt verschieden Methoden und Arten:

Die Behandlung durch Wissen:

Den Hochmut kann man beseitigen, indem man den *Iman* an Allah verinnerlicht, sich selber kennenlernt und weiß, dass die Herrlichkeit und der Hochmut nur Allah gebühren. Ein *Muslim* sollte so in Demut sein, dass er keinen unter den Muslimen minderwertiger, mangelhafterer und niedriger als sich selbst sieht.

In folgendem Vers wird der Zustand des Menschen sehr schön beschrieben:

„Tod sei der Mensch, wie kufr-betreibend er ist. Woraus erschuf ER ihn?! Aus Nutfa erschuf ER ihn, dann bestimmte ER ihn, dann erleichterte ER ihm den Weg, dann ließ ER ihn sterben, dann ließ ER ihn begraben, dann, wenn ER will, lässt ER ihn erwecken." (Abatha, 17-22)

In diesem Vers erklärt Allah den Zustand vor dem Leben nach dem Tod und den dazwischen.

In einem anderen Vers erinnert Allah uns an den Anfang des Menschen:

123 Gazali'den Vaazlar, S.528.

„Überkam den Menschen eine Weile von der Zeit, wo er nichts Erwähnenswertes war?!" (Al Insan, 1)

Praktische Maßnahmen:

Bei jeder Angelegenheit und Handlung soll er sich wie die Demütigen verhalten. Der Hochmut äußert sich durch die Geisteshaltung, seine Aussagen, seine Blicke, seine Kleidung, seine Haltung und Verhaltensweisen. Er sollte sich die Demut zur Gewohnheit machen und sich die hochmütigen Verhaltensweisen abgewöhnen.[124]

Hasan Basri sagte zu denen, die mit ihm zusammen gehen wollten:

„Ist ein Mensch hinter mir, so bleibt mein Herz nicht ruhig."

Omar wurde mit einer geflickten Kleidung auf der Straße gesehen.

Man sollte jedoch nicht denken, dass jede schöne Kleidung aus Hochmut getragen wird.

Einige ziehen alte Sachen um wie die Weltentsagenden (*Zahid*) auszusehen.

Nach einer Überlieferung sagte *Isa*:

„Was ist der Grund, warum ihr euch kleidet wie Mönche, Weltentsagende (Zahid), Gottesdiener (abid) und eure Herzen zu einem Wolfscharakter formt?

Zieht die Kleidung eines Herrschers, an aber macht eure Herzen weich und feinfühlig durch Gottesfurcht."

Die Selbstgefälligkeit

Ujub bedeutet, dass man seine guten Taten in den eigenen Augen übertreibt/vergrößert, dass man nicht weiß, dass gute Taten zu begehen eine Gabe von Allah ist und dass man denkt,

124 Ihya-yi Ulum-id Din, Bd.8, S.20-27.

dass sie durch einen selber entstehen. So wie man sagt dieses erreichte mich durch mein Wissen, was ich besitze. Manchmal äußert sie sich auch nur, indem man die Gabe vergrößert und den Wohltäter vergisst.

Wem Allah Wissen und Leichtigkeit bei den gottesdienstlichen Handlungen und ähnliche Gaben gegeben hat, sollte sich fürchten diese Gaben zu verlieren, so kann man auch nicht selbstgefällig werden. Es gilt nicht als Eigenlob, wenn man sich vor dem Verlust der Gaben nicht fürchtet, aber sich darüber freut, dass diese Gaben eine Güte Allahs sind. Selbstgefällig ist man, wenn man die Gaben sein eigen nennt, damit zufrieden ist und vergisst, dass dies Gaben von Allah sind.

Die Selbstgefälligkeit ist eine verpönte Charaktereigenschaft.

Mutarraf von den *Tabiin* sagte:

„Es ist mir lieber die Nacht mit Schlaf zu verbringen und morgens bereuend aufzustehen, als die ganze Nacht mit Gottesdiensten zu verbringen, durch welche ich morgens selbstgefällig werde."

Unsere Mutter *Aisha* wurde gefragt:

„Wann begeht der Mensch eine schlechte Tat?"

Sie antwortete:

„Wenn man denkt, dass man eine gute Tat begangen hat."

Allah gebietet im Quran:

Ihr, die den Iman verinnerlicht habt! Annulliert eure Sadaqa nicht durch Vorhaltung und Belästigung. (Al Baqarah, 264)

Ein Mensch kann anderen nur etwas vorhalten, wenn das Gut ihm gehört. Der Besitzer, der Güter, die als Almosen gespendet werden, ist Allah.

Wenn dies so ist, dann ist ein Anzeichen von nicht vorhandener Weitsicht, die einen zur Selbstgefälligkeit führt. Jemanden etwas vorzuhalten ist das Ergebnis davon, dass man die

Almosen als etwas Großes betrachtet. Die Taten als etwas Großes anzusehen, ist ein Beweis der Selbstgefälligkeit.

Ibn Masud sagte, dass es zwei Ursachen für die Vernichtung gibt:

1. Keine Hoffnung auf den Segen Allahs zu haben,
2. Der Selbstgefälligkeit zu verfallen.

Allah gebietet im Quran:

„so lobt euer Selbst nicht! ER weiß besser Bescheid über denjenigen, der Taqwa gemäß handelt." (An Najm, 32)

Ibn Jurayj gab diesem Vers folgende Bedeutung:

„Hüte dich, wenn du etwas Gutes tust „Ich tat es" zu sagen."

Der Gesandte Allahs weist auf die Gefahr der Selbstgefälligkeit hin:

„Würdet ihr nicht sündigen, so würde ich mich um euch wegen einer größeren Sache als Sünden fürchten. Und diese Sache ist die Selbstgefälligkeit, die Selbstgefälligkeit."[125]

Durch Eigenlob entstehen viele Nachteile. Es entsteht Hochmut, weil man sich als etwas Besseres als andere betrachtet. Ein anderer Nachteil ist, dass man nicht an seine eigenen Sünden denkt. Auch wenn er an sie denkt, so denkt er, sie wurden ihm vergeben. Er dient Allah, dankt nicht und denkt, er hätte es nicht nötig zu danken. Er kennt die Nachteile der Gottesdienste nicht und will sie auch nicht erlernen. Er betrachtet sich als sehr entfernt von diesen Nachteilen. Aus seinem Herzen schwindet die Gottesfurcht und er wiegt sich in Sicherheit vor *Makrullah*/ der Vorsehung. Er denkt, er hätte einen besonderen Platz bei Allah durch die Gabe der Gottesdienste. Er lobt sich selbst und gefällt sich selbst. Er findet Gefallen an seinem Wissen und fragt niemandem nach etwas. Einer andere Ansicht,

125 Ihya-yi Ulum-id Din, Bd.8, S.59.

die nicht seiner entspricht, hört er nicht zu und Ratschläge beachtet er auch nicht.[126]

Der Weg zur Beseitigung der Selbstgefälligkeit

Die Selbstgefälligkeit kann man beseitigen, indem man weiß, dass die Taten und Eigenschaften Gaben von Allah sind und dass er Gaben wie Wissen, Macht, Wille usw. seinen Dienern gibt, ohne dass sie es verdient haben.

Der falsche Stolz/Die Überheblichkeit

Allah gebietet im Quran:

„So lasst das diesseitige Leben euch nicht täuschen, und lasst keineswegs das Täuschende euch in ALLAH täuschen!" (Luqman, 33)

Ghurur bedeutet zu Unrecht und ergebnislos auf etwas zu vertrauen.

Ghurur bedeutet, dass der Mensch Sympathie für das Begehrte der Triebseele entwickelt.

Es gibt genug die denken, dass sie auf dem richtigen Weg sind, obwohl sie sich auf dem falschen Weg befinden.

Es gibt zu viele, die sagen, Allah ist gütig und vergibt mir meine Verfehlungen und dadurch locker bei den Taten werden oder gar keine Gottesdienste ausführen.

Als *Hasan Basri* nach seinem Zustand befragt wurde, sagte er:

126 Kimya-yi Saadet, S.568.

„Leider, Leider! Das ist ihre Annahme, weil sie es so bevorzugen. Wer auf etwas hofft, versucht es zu bekommen. Und wer sich vor etwas fürchtet, hält sich fern davon."

Wer den Iman verinnerlicht, fromme Taten begeht, von den Sünden ablässt, sich zwischen Hoffnung und Furcht befindet, befürchtet dass seine Taten nicht akzeptiert werden, beabsichtigt bis zum Tod auf dem *Tawhid* zu beharren, all seine Kraft aufbringt um in seinem verbliebenen Leben nicht zu Sünden zu neigen, sein Herz davor bewahrt sich den Gelüsten zuzuwenden, besitzt Weitsicht und starke Scharfsinnigkeit. Wer außerhalb dieser Dinge ist, ist stolz (*Maghrur*) gegenüber Allah..[127]

Die übertriebene Demut (Schleimen)

Es ist eine lobenswerte Verhaltensweise Demut von niedrigeren Stufen als der Stufe auf der man sich befindet, zu zeigen, aber mehr als dies ist verpönt. Nur wer hinter dem Wissen her ist, darf so eine Demut an den Tag legen um einen Nutzen daraus zu ziehen.

Der Gesandte Allahs sagte:

„Es ist keine Eigenschaft des Muslims bei der Liebe und demütigen Bitte zu übertreiben. Nur wenn man hinter dem Wissen her ist, ist es (das Übertreiben) erlaubt."

Die übertriebene Demut (*Tazalzul*) ist verboten.

Zum Beispiel: Es ist nicht gut, wenn ein Gelehrter für einen Unwissenden, der eine Wissensversammlung betritt, aufsteht und ihm seinen Platz gibt und ihm bis zur Tür begleitet und seine Schuhe ordentlich macht etc. wenn er die Versammlung

127 Gazali'den Vaazlar, S.552.

verlässt. Aber ihn mit Nettigkeit zu begrüßen, ihn mit lächelndem Gesicht zu empfangen, seiner Frage mit Weichheit zuzuhören, sich zu bemühen, sein Bedürfnis zu decken, sich selber nicht besser zu sehen als ihn und ihn nicht zu erniedrigen, sind zutreffendere Verhaltensweisen.

Obwohl man für einen Tag versorgt ist und trotzdem bettelt, ist man der übertriebenen Demut verfallen. Wenige Geschenke zu geben mit der Absicht viele Geschenke zu erhalten, gilt als eine Art von Bettelei.

Dies wird zum größten Teil bei Hochzeit und Beschneidungsfeiern gemacht.

Ohne eingeladen zu sein zum Essen oder zu Testamentslesungen von Toten zu gehen, gilt als *Tazalzul.*

Der Gesandte Allahs teilte die Wichtigkeit dieses Themas wie folgt mit:

„Wer an einer Hochzeit oder einem Essen nicht teilnimmt, obwohl er eingeladen wurde, hat gegen Allah und seinen Gesandten rebelliert. Wer ohne Einladung zu einem Essen geht, geht als Dieb rein und als Plünderer raus.[128]

Imam Birghiwi sagte:

„Ein Auge auf das Gut der Reichen zu werfen, zu ihnen zu gehen und sich mit ihnen anfreunden ohne dass ein notwendiger Grund vorhanden ist, gilt auch als Tazalzul."

Der Geiz

Geiz bedeutet die Güter, die die *Shariah* befiehlt zu geben oder angemessene Güter, die man aus Menschlichkeit geben

128 Tarikat-i Muhammediye, S.152.

sollte, nicht zu geben. Das was die *Shariah* gebietet zu geben, beinhaltet die *Zakah*, *Fitrah*, den Unterhalt der Frau und kleinen Kinder. Aus Menschlichkeit zu geben, beinhaltet *Sadaqah*, Geschenke an Geliebte, Verwandte, Nachbarn und Gäste. Man kann auch zu sich selber geizig sein. Zum Beispiel man isst nicht, trinkt nicht, kleidet sich nicht so wie man es benötigt und gibt kein Geld für Behandlungen aus.[129]

Allah verbietet den Geiz im Quran:

„Diejenigen, die geizen mit dem, was ALLAH ihnen von Seiner Gunst zuteilwerden ließ, sollen nicht denken, dass dies besser für sie wäre. Nein, sondern das ist übel für sie. Und das, womit sie geizten, wird ihnen am Tag der Auferstehung um den Hals geschlungen werden." (Ali Imran, 180)

Der Großzügige ist Allah, den Menschen und dem Paradies näher und entfernt von der Hölle. Ein Geiziger ist entfernt von Allah, den Menschen und dem Paradies und der Hölle näher. Allah ist ein großzügiger Unwissender lieber, als ein geiziger *Abid*.[130]

Die Verschwendung

Die Verschwendung ist eine Angewohnheit das Geld/die Güter für Dinge auszugeben, für die man aus religiösen oder menschlichen Gründen normalerweise nichts ausgeben sollte.[131]

Allah gebietet im Quran:

„Kinder Adams! Bekleidet euch gepflegt beim (Besuch) jeder Moschee, esst und trinkt, doch seid nicht verschwenderisch! Gewiss, ER liebt nicht die Verschwender." (Araf, 31)

129 Vesiletü'n Necat, S.119.
130 Tarikat-i Muhammediye, S.222.
131 Tarikat-i Muhammediye, S.219.

In einem anderen Vers gebietet Allah:

„Und gib dem Verwandten, was ihm zusteht, sowie dem Armen und dem in Not geratenen Reisenden. Und sei nicht verschwenderisch, vergeudend! Gewiss, die Verschwender sind die Gleichartigen der Satane. Und der Satan ist seinem HERRN gegenüber ein Extrem-Kafir. (Isra, 26-27)

Es gibt viele verschiedene Arten des Verschwendens. Die Neigung des Menschen zum Guten, Schönen und Neuen kann ihn zum Verschwenden führen. Diese Neigung führt einen dazu, dass man sich eine andere Version eines neuen Gerätes kauft, sich neue Kleidung holt, obwohl man noch genug Kleidung hat, die man anziehen kann, sich für eine teurere und prunkvollere Reise entscheidet, obwohl man auf viel billigere Art reisen kann.

Man soll in seinem Haus und überall beim Essen, Trinken und Geräten gemäßigt sein.

Zum Beispiel das übermäßige Essen eines Menschen gilt als Verschwendung, genauso wie es als Verschwendung gilt, wenn er so wenig isst, dass er dünn und krank wird, weil dies aus anderen Gesichtspunkten schädlich ist.

Um nicht verschwenderisch zu sein, soll man sein Essen, Trinken, seine Kleidung und Gebrauchsgeräte vor schädlichen Einwirkungen wie Wärme, Kälte, Feuchtigkeit und Sonnenstrahlen schützen.

Es ist auch eine Art Verschwendung Brotkrümel und andere Essmaterialien, die kleine Kinder zerkleinern und zerstreuen, nicht aufzusammeln. Reis, Linsen, Getreide und ähnliche Dinge nicht zu bewahren, besonders, wenn man sie wäscht nicht darauf zu achten, ob sie auf den Boden fallen, gilt auch als Verschwendung. Brotkrümel und andere Essensreste an Hühner, Schafe, Kühe, Ameisen und Vögel zu verfüttern, gelten nicht als verschwendet.

Kleidung und Schuhe nicht vor Zerfall zu bewahren und zu viel Seife bei der Wäsche zu benutzen, gilt als Verschwendung.

Der Gesandte Allahs ging bei Sad bin Abi Waqqas vorbei, sah, dass er viel Wasser bei der rituellen Waschung benutzte und sagte:

„Oh Sad, was ist das für eine Verschwendung?"

Sad fragte:

„Gibt es Verschwendung bei der rituellen Waschung?"

Der Gesandte Allahs antwortete:

„Ja auch, wenn du an einem Flussufer bist."

Alles, was für verbotene Dinge und Sünden ausgegeben wird, gilt als Verschwendung. In einer Zeit, wo die Verschwendung zu einer Wirtschaft geworden ist, sollten die Muslime sparsam sein und das Ersparte für die eigenen, familiären und gemeinschaftlichen religiösen und sozialen Bedürfnisse ausgeben. [132]

Das Beschweren und Klagen

Das bedeutet Schwierigkeiten und Probleme nicht auszuhalten, keine Geduld für Prüfungen aufzubringen und dies durch Worte und Handlungen offen zu beklagen.

Der Gesandte Allahs sagte:

„Wer eine Musibah, die sein Leben und sein Gut trifft, verbirgt und mit Geduld erträgt und sich bei niemandem beschwert, dem ist die Vergebung Allahs ein Gesetz und eine Notwendigkeit der Barmherzigkeit Allahs."[133]

---

132 Tarikat-i Muhammediye, S.244-249.

133 Tarikat-i Muhammediye, S.262.

Die Freude am Leid anderer muslimischer Geschwister

Der Gesandte Allahs vergleicht die Muslime „mit den Bausteinen eines Gebäudes, die sich gegenseitig unterstützen", und mit den „Organen eines Körpers, wenn einer Schmerzen hat, so haben die anderen Organe auch schmerzen." Aus diesem Grund ist es ein verächtliches Gefühl, wenn sich jemand darüber freut, wenn einem Muslim Schlechtes widerfährt.

Der Gesandte Allahs sagte:

„Freue dich nicht über das Schlechte, was deinem Bruder widerfährt! Allah könnte Mitleid mit ihm haben und dich damit prüfen." [134]

Das Vorhalten von guten Taten

Das Vorhalten von guten Taten und die Pein vernichten die Belohnung der Almosen eines Muslims.

Allahs Befehl ist offensichtlich:

Annulliert eure Sadaqa nicht durch Vorhaltung und Belästigung (AL Baqarah, 264)

Im Islam sind der Nehmende und der Gebende zwei gleichwertige Menschen. Unter ihnen gibt es nur einen Unterschied aus dem Aspekt der Gottesfürchtigkeit und der frommen Taten. Gute Taten müssen nicht immer durch materielle Güter erfolgen. Einem Muslim gebührt, dass er gute Taten, welcher Art

134 Müslüman Sahsiyeti, S.241.

auch immer nur für Allah und die Beseitigung der Probleme der Muslime begeht.

Die Hinterlist

Das bedeutet das Feuer der Zwietracht und Feindschaft zwischen zwei Personen/Gruppen zu schüren, indem man dem Wesen der Parteien entsprechend die Worte des einen dem anderen übermittelt, so zu reden, dass die Feindschaft unter ihnen geschürt wird. Kurzgesagt hinterlistig zu sein, indem man bei den einen so redet und handelt und bei den anderen anders. Es ist auch hinterlistig, wenn jemand ohne es ernst zu meinen. die Parteien in ihrer Anwesenheit lobt und ihnen verspricht, zu helfen. Solche Verhaltensweisen bringen die gemeinschaftliche Ordnung durcheinander und vermehren die Heuchelei unter den Menschen.

Der Gesandte Allahs sagte:

„Wer im Diesseits zwei Gesichter hat, wird am Tage der Auferstehung zwei Zungen aus Feuer haben." [135]

Die Heuchelei

Heuchelei bedeutet, dass das Äußere dem Inneren und das Wort der Tat nicht entspricht.

Der Gesandte Allahs sagte:

„Wer drei Eigenschaften besitzt ist ein Heuchler, auch wenn er betet, fastet und sagt, dass er ein Muslim ist.

135 Tarikat-i Muhammediye, S.358.

1. ***Er lügt wenn er redet,***
2. ***Er hält sein Versprechen nicht,***
3. ***Er veruntreut, wenn ihm etwas anvertraut wird."***

Abdullah bin Omar begegnete jemandem, der über *Hajjai Dhalim* lästerte und fragte ihn:

„Wäre Hajjaj hier und würde deine Worte hören, könntest du dann so reden?"

„Nein, das könnte ich nicht.", antwortete er.

Daraufhin sagte *Ibn Omar*:

„In der Zeit des Gesandten Allahs hätten wir so eine Verhaltensweise als Heuchelei gewertet."

Die Heuchelei bezüglich der *Aqida* ist *Kufr*.

Heuchelei bezüglich der zwischenmenschlichen Beziehungen ist eine niedere große Sünde.

Die Heuchelei bei den Taten verursacht, dass man einige Zeit in der Hölle verweilt. Oder sie vermindert die Stufe und lässt einen von dem Rang der Wahrhaftigen fallen.[136]

Das Lob

Manche Arten von Lob sind im Islam verboten. Es gibt sechs Nachteile des Lobens. Vier bezüglich des Lobenden und zwei bezüglich des Gelobten.

Die Nachteile des Lobenden

Er kann Lügen, wenn er Dinge sagt, die nicht der Realität entsprechen.

136 Ihya-yi Ulum-id Din, Bd.7, S.566-573.

Manchmal gibt der Lobende durch sein Lob seine Liebe preis. In Wirklichkeit jedoch ist keine Liebe in seinem Herzen und er glaubt nicht an alles, was er sagt. In dieser Situation gilt er als Prahler (*Murai*) und Heuchler (*Munafiq*) zugleich.

Es wird jemand gelobt, obwohl man in Wirklichkeit nicht weiß, ob es auch so ist zum Beispiel Äußerungen wie du bist ein *Zahid* ein *Muttaqi*. Ohne etwas genau zu wissen, sollte man keine Äußerungen tätigen.

Omar hörte jemandem zu der einen andere lobte und fragte ihn:

„Warst du mit ihm auf einer Reise?"

„Nein!" sagte er

„Hast du mit ihm gehandelt oder mit ihm zu tun gehabt?"

„Nein!"

„Bist du sein Nachbar? Kennst du seinen Morgen und seinen Abend?"

„Nein!"

Omar sagte:

„Ich schwöre bei Allah, ich sehe dich nicht als jemanden, der diesen Mann kennt."

Manchmal kann ein Tyrann oder ein Frevler gelobt werden.

Der Gesandte Allahs sagte:

„Allah wird zornig, wenn ein Frevler gelobt wird."[137]

Der Gelobte kann durch zwei Aspekte geschädigt werden

Der Gelobte kann Hochmut oder Stolz entwickeln. Hochmut und Stolz jedoch sind vernichtende Eigenschaften.

137 Ihya-yi Ulum-id Din, Bd.6, S.564.

Dem Gelobten gefällt das Lob und wird nachlässig bei guten Taten und ist zufrieden mit sich. Die ernsthafte Arbeit von jemand, der mit sich zufrieden ist, lässt nach.

Es gibt fünf Bedingungen, damit das Lob erlaubt ist

1. Das Lob darf nicht für sich selber sein. Denn es ist nicht erlaubt, dass man sich selber ins Reine zieht. Allah gebietet im Quran:

„...so lobt euer Selbst nicht! ER weiß besser Bescheid über denjenigen, der Taqwa gemäß handelt." (An Najm, 32)

Lobt eine Person seine Kinder, seinen Vater, seine Schüler oder Werke und ähnliches, so lobt er sich indirekt selber, weil diese Dinge eine Verbundenheit zu ihm aufweisen. Nur, wenn er mit dem Lob erklären möchte, welche Gaben ihm Allah gegeben hat, oder seinen eigenen Zustand bzgl. Wissen und Taten erzählen möchte, damit sie einen als Vorbild nehmen und seine Rechte beachten oder ein Unheil von ihm abwenden usw. dann ist es erlaubt. Denn hierbei ist keine Rede von Hochmut und sich ins Reine ziehen.

2. Bei dem Lob soll man nicht übertreiben. Bei dem Lob von zuständen wie *Taqwah, Iffah* und *Zuhd* etc. sollte man auf seine Wortwahl achten und keine absoluten Äußerungen tätigen. Man sollte *„So denke ich"* sagen.

3. Der Gelobte darf kein *Fasiq* sein.

4. Man soll sich sicher sein, dass das Lob bei der Person keinen Hochmut, Stolz oder Überheblichkeit verursachen.

5. Das Lob darf kein verbotenes Ziel haben oder keine Ursache für Unheil sein- Zum Beispiel: eine Ehefrau darf ihrem Mann nicht von der Schönheit einer anderen Frau erzählen.

Das Lob ist unbedenklich, wenn der Lobende und der Gelobte sich vor den Nachteilen des Lobs hüten können. Aus diesem Aspekt betrachtet, kann es sogar gut sein.

Der Gesandte Allahs lobte seine Ashab

„Würde der Iman von Abu Bakr mit dem Iman der ganzen Welt –außer den Propheten- gemessen, dann würde sein Iman ohne Zweifel schwerer sein."

Der Gesandte Allahs sagte zu *Omar*:

„Wäre ich nicht als Prophet gesandt worden, dann würdest du Omar ohne Zweifel als Prophet gesandt werden."

Der Gesandte Allahs sagte über sich selbst:

„Ich bin der Herr der Söhne Adams. Und bei dieser Äußerung ist kein Lob vorhanden. Mit dieser Äußerung beabsichtige ich kein Lob so wie die Menschen sich loben."[138]

Die Weisheit von dieser Aussage ist: Unser Prophet lobte sich durch Allah und durch seine Nähe zu Ihm. Er lobte sich nicht damit ein Sohn Adams und deren Führer zu sein.

Wenn jemand ein *Murshid, Ustadh*, und Wegweiser ist, dann kann er seine Zustände erzählen, damit die anderen auch höher kommen.

Wie soll der Gelobte sich verhalten

Eine wichtige Aufgabe für den Gelobten ist, dass er sich strikt vor dem Hochmut, der Überheblichkeit und der Vernachlässigung der Gottesdienste hütet. Der Gelobte kann die Gefahr bannen, wenn er sich gut kennt. Denn der Gelobte kennt Dinge über sich, die der Lobende nicht weiß. Er denkt dann daran, dass wenn der Lobende seine ganzen Geheimnisse und was

138 Tarikat-i Muhammediye, S.405-407.

in seinem Herzen vorhanden ist kennen würde, er ihn nicht mehr loben würde.

Der Sohn von *Uyayna Sufyan* sagte:

„Wenn der Gelobte sich selber kennt, dann schadet ihm das Lob nicht."

Imam Ali sagte, wenn er gelobt wurde:

„Oh Herr, mache mich nicht verantwortlich für das, was gesagt wurde! Verzeihe mir die Seiten, die sie nicht kennen und mache mich noch besser, als sie über mich denken!"[139]

Die Unaufrichtigkeit

Das Wort *„Riya'"* stammt von der Wortwurzel *Ruyah* ab. *Riya'* kann man folgendermaßen beschreiben:

Mit Allahs Gottesdiensten die Diener beabsichtigen und sie fangen. Bei den Gottesdiensten und dem Gehorsam gegenüber Allah unaufrichtig zu sein, ist eine große Sünde und nahe des *Shirk*. In den Herzen der *Zahid* gibt es keine größere Krankheit, als dass sie wollen, dass die Menschen wissen, wenn sie einen Gottesdienst machen und dass sie als Zahid berühmt werden wollen. Wenn mit den Gottesdiensten die Menschen beabsichtigt werden, dann ist dies eine Art von Anbetung der Menschen. Begehrt er dies während der Anbetung Allahs, dann ist dies *Shirk*.

Allah offenbart im Quran:

„Wer also die Begegnung seines HERRN erwartet, der soll gottgefällig gute Tat vollbringen und dem Dienen seines HERRN gegenüber keinerlei Schirk mit einem anderem betreiben". (Kahf, 110)

---

139 Ihya-yi Ulum-id Din, Bd.6, S.569.

Abu Hurayra erzählt, dass er den Gesandten Allahs sagen hörte:

„Am Tag der Auferstehung wird der erste, über den geurteilt wird, ein Märtyrer sein. Allah wird ihn an die Gabe erinnern, die er ihm auf der Welt gab und er wird sich daran erinnern. Daraufhin wird Allah ihn fragen:

„Was hast du als Gegenleistung für diese Gabe auf der Welt getan?"

„Ich kämpfte für dein Wohlgefallen bis ich zum Märtyer geworden bin."

Allah entgegnete:

„Du lügst, du hast nicht für mich gekämpft, sondern dafür, damit man dich mutig nennt, schließlich sagten sie es ja auch."

Danach wird befohlen und er wird über den Boden geschliffen und in die Hölle geworfen.

Danach bringen sie einen Mann, der Wissen erlernt hat und es weiter lehrte und den Quran las. Allah erinnert ihn an seine Gaben im Diesseits und er erinnert sich.

Allah fragt ihn:

„Was hast du als Gegenleistung für meine Gaben im Diesseits für mein Wohlgefallen getan?"

„Ich lernte Wissen, lehrte es weiter und las für dein Wohlgefallen den Quran."

Allah entgegnet:

„Du lügst, du lerntest Wissen, damit man dich Gelehrter nennt. Du last den Quran, damit man sagt, wie schön dieser Mann den Quran liest. Und so wurde es auch gesagt". Danach wird befohlen und er wird schleifend in die Hölle geschmissen.

Einem Mann gab Allah Reichtum, indem Er ihm verschiedene Gaben verlieh. Auch dieser Mann wird gebracht. Allah erinnert ihn an die Gaben im Diesseits und er wird sich an sie erinnern. Allah wird ihn fragen:

„Was hast du als Gegenleistung für diese Gaben auf der Welt gemacht?"

„Ich gab meine Güter für dein Wohlgefallen dort aus, wo du es wolltest."

Allah entgegnet:

„Du lügst. Du gabst dein Gut aus, damit man dich großzügig nennt. Und so wurde es auch gesagt." Danach wird befohlen und auch er wird schleifend ins Feuer geschmissen."

Heldentum, Wissen und Reichtum sind Zustände, bei denen man oft *Riya'* beobachten kann. Aber es kann auch Helden, Gelehrte und Reiche geben, bei denen keine *Riya'* vorhanden ist.

Wer die Feinheiten der Gebote der *Din* verstanden hat, hütet sich vor der *Riya'*.

Abu Umamah Al Bahili fragte, als er einen Mann in der Moschee weinend in der Niederwerfung sah:

„Machst du das, was du hier in der Moschee machst, auch Zuhause?"

Nach *Imam Ali* gibt es drei Anzeichen für einen *Murai*:

1. *Er wird faul, wenn er alleine ist.*
2. *Er ist sehr aktiv, wenn er unter den Menschen ist.*
3. *Er macht mehr Gottesdienste, wenn er gelobt wird. Wird er kritisiert, verringert er die Gottesdienste.*

Durch welche Angelegenheiten man Riya begeht

1. *Riya* durch den Körper:

Einige legen bestimmte Verhaltensweisen an den Tag um andere denken zu lassen, dass sie traurig bzgl. einer religiösen Angelegenheit sind oder große Furcht vor dem Jenseits besitzen.

Zum Beispiel zeigt er sich schlapp, schließt leicht seine Augen und redet leise um zu zeigen, dass er fastet und wie geschwächt er dadurch ist.

2.*Riya* durch Kleidung:

Extra alte und schrille Kleidung anzuziehen, damit die Menschen denken, er sei ein *Zahid*.

3.*Riya* durch Reden:

Zum Beispiel bewegt er dauernd seine Lippen, um zu zeigen, dass er dauernd *Dhikr* macht. Er macht zwar *Dhikr* mit seinem Herzen aber ohne das Bewegen der Lippen geht es nicht, weil er Angst davor hat, dass man nicht sieht, dass er *Dhikr* macht.

Er gebietet anderen das Gute und verbietet ihnen das Schlechte und wenn er alleine ist, beachtet er diese Gebote nicht.

Er neigt seinen Kopf und zwischendurch schüttelt er sich um den Eindruck der *Wajd* zu erwecken. Er sagt mit langem Atem Aaahhh. Er sieht dauernd traurig aus, weil er darüber traurig ist, dass die Muslime ihren Islam nicht kennen…

4.*Riya* durch Gottesdienste:

Wenn er mit anderen zusammen ist, betet er besonders beachtlich. In den Verbeugungen und Niederwerfungen neigt er sich noch mehr und schaut sich nicht um.

Ist er bei anderen, gibt er Almosen. Und begeht noch viele andere ähnliche Dinge .

5.*Riya* durch Freunde und Gäste:

Er bemüht sich dazu einen Gelehrten einzuladen, damit man sagt: „Ein Gelehrter hat ihn besucht".

Das Urteil über Riya'

Riya verwirklicht sich durch gottesdienstliche oder außergottesdienstliche Handlungen. *Riya* bei Handlungen, die keinen Gottesdienst darstellen, ist manchmal erlaubt. Wie zum Beispiel sich gut zu kleiden und auf seine Frisur zu achten um von den Menschen nicht verspottet zu werden und um sich leicht mit ihnen anzufreunden.

Riya verursacht manchmal auch Belohnung von Gottesdiensten. Die schöne Kleidung und Haltung eines *Murshid* oder eines Führers ziehen Menschen an und erwärmen ihre Herzen. Manchmal ist die *Riya* außerhalb der Gottesdienste auch eine Sünde. So wie, wenn die *Riya* einen zu nicht erlaubten und verbotenen Dingen führt.

Das Urteil der *Riya* außerhalb der Gottesdienste ist damit verbunden, was mit der Riya beabsichtigt wird.

Die *Riya* bei Almosen, Gebeten, Fasten, Krieg, und Hajj... Durch die *Riya* bei solchen Gottesdiensten werden sie nichtig und man wird zum Sünder.

Hier gibt es zwei Bedeutungen:

Erstens: Die *Riya*, die mit den Gottesdiensten verbunden ist. Das sind List und eine Täuschung. Denn er präsentiert sich als wahrhaftig, als gehorsam und religiös, obwohl es eigentlich nicht so ist.

Zweitens: Die *Riya*, die mit Allah verbunden ist: Wenn jemand bei der Anbetung Allahs das Gefallen der Geschöpfe beabsichtigt, so verspottet er Allah, wie es in der *Hadith* erwähnt wurde. Auch wenn es keine anderen Bedenken bei der *Riya* geben würde, so reicht schon, dass man sich nicht für Allah sondern aus Zurschaustellung heraus niederwirft und verbeugt. Denn wenn der Murai durch diese Handlung beabsichtigt hat, sich Allah zu nähern, so dachte er im Herzen daran, sich jemandem zu nähern. Und darum ist *Riya* verborgener *Shirk*.

Die Stufen der Riya

Bezüglich der *Riya* im Dienertum gibt es drei Stufen:

Die erste Stufe: Die *Riya* in der Essenz des *Iman*. Dies ist der Iman der *Munafiq*. Seine Situation ist am Tag des Jüngsten

Gerichtes schlimmer als die des Kafirs. Denn er ist auch vom Herzen ein Kafir, aber verschleiert dies.

Die zweite Stufe: Die *Riya* in der Essenz der Pflichtgottesdienste. Es gilt als große *Riya* in der Gegenwart von Menschen ohne rituelle Waschung zu beten oder zu fasten und diese zu unterlassen, wenn man alleine ist. Aber diese *Riya* ist nicht so wie die *Riya* bzgl. der Essenz des *Iman*. Abschließend kann man sagen, dass der *Iman* schwach ist von demjenigen, der den Menschen näher sein will als Allah. Auch wenn er kein Kafir ist, so wird um seinen Iman gebangt im Fall, dass er ohne Reue stirbt.

Die dritte Stufe: Die *Riya* bzgl. der *Sunnah*. Er betet das Nachtgebet, gibt Almosen, geht zur Gemeinschaft, er fastet an besonderen Tagen, damit er gelobt und nicht kritisiert wird.

Die Ursachen der Riya

Das Fundament der *Riya* ist die Liebe zu Stand und Stellung. Beschäftig man sich mit den Details der *Riya*, so kann man sie in drei Punkten zusammenfassen.

1. Es lieben, gelobt zu werden.
2. Vor dem Schmerz der Kritik zu flüchten.
3. Ein Auge auf das Gute der Menschen zu werfen.[140]

Die verschiedenen Arten der Riya

Die *Riya* ist in zwei Kategorien, nämlich in offensichtliche und verborgene *Riya*, geteilt:

Die offensichtliche *Riya* ist die, die einen zu Taten führt.

Die verborgene *Riya* führt einen nicht zu Taten. Zum Beispiel: Wenn jemand es sich zur Gewohnheit gemacht hat, das

140 Gazali'den Vaazlar, S.510-511.

Nachtgebet zu beten, zwingt sich aber es zu beten und wenn jemand bei ihm ist, so betet er es mit Lust.

Es gibt noch eine verborgene Art als diese und zwar berührt es einen nicht, wenn andere einen bei den Taten sehen, jedoch möchte man, dass andere wissen, dass man diese Taten begeht.

Es gibt einige die wahrhaftige Taten begehen, die sich darüber freuen, wenn andere über ihre Taten Bescheid wissen und aus diesem Grund halten sie noch mehr an den Gottesdiensten fest.

Diese Freude weist auf die verborgene *Riya* hin.

Hätten sie in ihren Herzen keine Neigung zu den Menschen, dann würde ihre Freude sich nicht steigern, wenn andere von ihren Taten hören.

Eine weitere Art von Riya ist, dass man seine Taten nicht bekannt geben will und sich auch nicht darüber freut. Trotzdem wünscht man sich von den Herzen der Menschen, dass sie einen lächelnd und respektvoll empfangen, einen loben, sich darum bemühen seine Bedürfnisse zu decken, sie ihn bei Einkauf bevorzugt behandeln und ihm Platz machen bei Versammlungen.

Wenn jemand ihm gegenüber einen Fehler begeht, so fällt es ihm sehr schwer und mag diese Person nicht mehr.

Solange die Beziehungen zu den Menschen, ob mit oder ohne Gottesdienste nicht gleich sind, wird man sich kaum vor den Tücken der *Riya*, welche leiser als das Geräusch der Ameisenfüße sind, retten.

All diese Dinge tilgen die Belohnung der Gottesdienste. Nur die Wahrhaftigsten finden Ruhe vor der sehr verborgenen *Riya*.

Wann ist es erlaubt, sich darüber zu freuen, dass andere die eigenen Taten erfahren?

Wer sich darüber freut, dass andere die eigenen Taten erfahren, wird sich kaum von der *Riya* befreien können. Folgende Situationen ausgenommen:

1. Man beabsichtigt seine Taten zu verbergen und verbirgt sie. Allah deckt sie auf ohne das er es möchte und verbirgt seine Sünden und Fehler. Dadurch erkennt man, dass Allahs Gunst und Gnade mit einem ist. Denn er verbirgt das Schlechte und zeigt das Gute. Man freut sich dann über die Gnade und Gunst Allahs. Dies ist keine Freude für das Lob oder die Zuwendung der Menschen.

Allah gebietet im Quran:

„Sag: ‚Über ALLAHs Gunst und Seine Gnade, darüber sollen sie sich freuen. Dies ist besser als das, was sie anhäufen.'" (Yunus, 58)

2. Und ein Muslim denkt so: *„Dass Er meine schlechten Taten im Diesseits nicht offenkundig macht, weist daraufhin, dass er sie auch im Jenseits verbergen wird. Allah blamiert einen im Jenseits nicht, wenn er seine Sünden im Diesseits bedeckt."*

3. Man freut sich darüber, dass diejenigen, die einen sehen, genauso handeln und somit die Glückseligkeit erlangen. Zusätzlich bekommt man noch die gleiche Belohnung wie sie.

4. Man freut sich darüber, dass jemand einem glaubt und lobt auf Grund der Taten, die er bei einem gesehen hat und dass er durch dieses Lob und den Glauben an einen hin die Gebote und Verbote Allahs beachtet. Er freut sich darüber, dass er Allah gehorcht und nicht über seine eigene Stellung bei demjenigen. Das Anzeichen dafür ist, dass man sich darüber freut, wenn man den Gehorsam anderer hört, als wenn man ihn selber begangen hätte.

Es wird geduldet begangene Taten mit einer reinen Absicht offenkundig zu machen

Die Verbergung der Taten bewahrt die Wahrhaftigkeit und schützt vor *Riya*. Die eigenen Gottesdienste kund zu tun, beinhalten Nutzen wie Vorbild zu sein und Anspornen gute Taten machen. Nur in dieser zweiten Kategorie sind auch die Nachteile/Gefahren der *Riya* vorhanden.

Eine Methode der Aufdeckung der Taten ist, dass man sie öffentlich begeht.

Zum Beispiel: Almosen in der Anwesenheit von Menschen zu geben um sie zu dieser Tat anzuspornen.

Nach einer Überlieferung kam einer von den *Ansar* mit einem vollen Geldbeutel um Almosen zu geben und die *Ashab* schauten es sich ab und gaben auch Almosen.

Der Gesandte Allahs sagte:

„Wer eine gute Tradition erfindet und damit handelt, der bekommt die Belohnung für diese Tat und die gleiche Belohnung wie die, die es sich von ihm abgeschaut haben."

Auch bei anderen Taten wie Gebet, Fasten, *Hajj* und *Jihad* sind die Urteile genauso.

Es ist besser zu verbergen, wenn keine Vorbildfunktion vorhanden ist. Nimmt man jedoch eine Vorbildfunktion an, so ist es besser, die Taten öffentlich auszuführen.

Dass Allah seinen Propheten befahl, die Gottesdienste öffentlich zu verrichten, weist auf die Vorbildfunktion hin.

Die Gottesdienste zu unterlassen aus Angst vor Riya

Einige Menschen unterlassen Gottesdienste aus Angst vor *Riya*. Dies ist falsch und ist eine Befolgung der Wünsche *Shaytans*. Es führt einen zu Faulheit und Verzicht auf gute Taten.

Das Gebet, das Fasten, *Hajj* usw. und andere Pflichten Allah gegenüber darf man aus Angst vor *Riya* nicht unterlassen. Weder bei den Pflichten noch bei der Sunnah. Kommt ein Gedanke der Riya am Anfang oder mitten in einem Gottesdienst auf, sollte man versuchen, ihn zu vertreiben. Seine Absicht für den Gottesdienst sollte man dann erneuern.[141]

Die Fehler bei den Feinheiten der Rede

Der Gesandte Allahs sagte:

„Keiner von euch soll „Allahs Wunsch und mein Wunsch" sagen, sondern „Allahs Wunsch, dann mein Wunsch."[142]

Denn durch das Verbindungswort „und" kann man Gleichheit und Partnerschaft verstehen und dies widerspricht dem Respekt gegenüber Allah.

Ibn Abbas sagte:

„Wenn jemand von euch „Wäre der Hund nicht gewesen, würden wir ausgeraubt werden" sagt, verfällt er durch den Hund dem Shirk."

Damit ist gemeint, dass man den Hund nicht als absolute Ursache betrachten soll. Denn Allah hat für alles eine Ursache erschaffen. Die Ursache sollte man nicht wie den Verursacher betrachten.

In dem Werk *Jamiussaghir* steht, dass es bei der *Dua Makruh* ist *„ für das Recht der Propheten"* zu sagen. Mit keinem Geschöpf sollte man so *Dua* machen. Kein Geschöpf besitzt irgendein Recht gegenüber Allah. Es ist erlaubt *„um Seinetwillen"* zu sagen.

141 Ihya-yi Ulum-id Din, Bd.7, S.433-509.
142 Ihya-yi Ulum-id Din, Bd.6, S.569.

Das Erbetteln von weltlichen Gütern und Nutzen

Der Gesandte Allahs sagte:

„Wer ohne es nötig zu haben bettelt, möchte dadurch nur die feurigen Steine der Hölle vermehren.“[143]

Die *Ashab* fragte:

„Was ist der Maßstab von „ohne es nötig zu haben“?“

Der Gesandte Allahs antwortete:

„Die Verpflegung für eine Nacht.“

Almosen sind für Reiche, Starke und Gesunde nicht erlaubt…[144]

Almosen werden nur Armen, Hochverschuldeten oder denen, die Blutgeld zahlen gegeben. Wer bettelt, um sein Vermögen zu vermehren, dessen Gesicht wird am Tag der Auferstehung von heißten Steinen verletzt.[145]

Der Gesandte Allahs sagte:

„Wer verspricht von keinem etwas zu verlangen, den beglückwünsche ich mit dem Paradies.“[146]

Abu Bakr, *Abu Dharr* und *Thawban* versprachen sich dies und hoben ihre Stöcke selber vom Boden auf, wenn diese runterfielen während sie auf Kamelen waren. Sie sagten zu ihren Gefährten „Könnten Sie es mir bitte reichen?“

All diese Überlieferungen zeigen, dass die Bettelei nicht nur auf Güter begrenzt ist sondern auch auf andere Bereiche wie z.B. das Anbieten von Diensten.

Das Betteln ist erst durch eine Notwendigkeit erlaubt wie eine Krankheit, durch welche man den Lebensunterhalt nicht bestreiten

---

143 Tarikat-i Muhammediye, S.346.

144 Tarikat-i Muhammediye, S.346.

145 Tarikat-i Muhammediye, S.346.

146 Ramuz el Ehadis, Bd.2, S.447.

kann oder dass man keine Verpflegung für einen Tag mehr hat. Aber es ist ohne Bedenken, wenn man ein bestehendes Recht von seinem Arbeiter, Bediensteten oder seiner Frau einfordert. Genauso kann man auch seinem Schüler, welcher die Pubertät erreicht hat oder wenn er noch ein Kind ist mit der Erlaubnis seiner Eltern, einen Dienst geben, wenn er dies selber auch möchte.

Der schlimmste Bettler ist der, der „Gib für Allah“ sagt. Also der um etwas bittet und dabei den Namen Allahs ausnutzt. Ein anderer schlechter Wunsch ist, dass man ohne einen religiösen Schaden von einer Frau verlangt, dass sie sich von ihrem Mann scheidet oder von jemanden verlangt, dass er seinen Ehebesitz im Gegenzug zu Gut austauscht/auswischt.[147]

Der Gesandte Allahs sagte:

„Auch wenn er auf einem Pferd kommt, der Bettler hat Rechte.“[148]

Auch wenn es ein Stück Brot ist, soll man etwas dem Bettler geben.[149] Durch ein Stück Brot kann man Hunger beseitigen.

Vielleicht ist der Bettler ja wirklich bedürftig. Die Hadithe, die dies verbieten, haben die Bedingung „wenn er keinen Bedarf“ hat. Es ist ein Recht der Brüderlichkeit, dass man jemandem, der in einer schwierigen Situation ist, hilft.

Die Abhängigkeit vom Ruhm

Allah gebietet im Quran:

„Wer das diesseitige Leben und seinen Schmuck will, denen werden WIR darin ihre Werke vergelten und sie werden

147 Tarikat-i Muhammediye, S.346-347.

148 Ihya-yi Ulum-id Din, Bd.9, S.175.

149 Ihya-yi Ulum-id Din, Bd.9, S.175.

darin nicht benachteiligt! Diese sind diejenigen, denen im Jenseits nur das Feuer bestimmt ist. Und zunichte wurde das, was sie darin (im Diesseits) bewerkstelligt haben, und nichtig ist das, was sie zu tun pflegten." (Hud, 15-16)

In diesem Vers wird allgemein die Abhängigkeit vom Ruhm dargelegt. Denn der Ruhm ist das Größte Mittel zur weltlichen Befriedigung und das Prahlvollste der weltlichen Verzückung.

Der Gesandte Allahs sagte:

„Es reicht für jemanden als Schlechtes, wenn die Menschen wegen des Weltlichen oder des Religiösen auf einen mit Fingern zeigen. Nur die von Allah beschützten sind ausgenommen. Allah schaut nicht auf euer Äußeres sondern in eure Herzen und auf eure Taten."

Bishri sagte:

„Ich sah keinen der dem Ruhm verfallen war, dessen Din nicht verschwand und blamiert wurde."

Das Ziel vom berühmt werden und sich einen Namen zu machen, ist der Wunsch nach Stellung und nach einem Platz in den Herzen der Menschen. Die Gier nach einem Ansehen ist eine Quelle allen Unheils. Es ist verpönt sich übertrieben zu wünschen, berühmt zu werden. Aber die Berühmtheit, die als Güte von Allah kommt ohne dass der Diener sich darum bemüht hat, ist nicht verpönt.[150] Je höher die weltliche und jenseitige Stellung des Menschen wird, umso mehr sollte seine Demut zunehmen.

Der Schwur

Yamin bedeutet linguistisch Gewalt, Kraft und Macht. Islamisch bedeutet es: bestimmte Äußerungen zu tätigen um

150 Gazali'den Vaazlar, S.490-492.

einer Sache Kraft zu verleihen, indem man Allah oder Heiligtümer dazu benutzt. Diese Äußerungen sind „Wallahi, Billahi, Tallahi" oder „Geschworen sei bei dem Quran".

Zum Beispiel „Wallahi ich habe eine bestimmte Sache getan oder nicht getan" gilt als ein Schwur so gilt auch „ Wenn ich diese Sache getan habe oder werde" mit einer Voraussetzung als Schwur.

Der Schwur verwirklicht sich, indem man bei dem Wesen Allahs „Wallahi, Billahi, Tallahi" bei seinen Namen „Rahman, Rahim" oder bei seinen Eigenschaften des Wesens „Bei der göttlichen Ehre, Macht" schwört.

Zum Beispiel auf die Propheten, Die Kabah darf man nicht schwören. Es ist nicht erlaubt bei dem Leben der Geschöpfe zu schwören.

Da der Quran Allahs Wort ist, ist es nach einer Ansicht ein gültiger Schwur.

Die Buße des Schwurs

Die Buße für Schwüre ist es morgens und abends zehn arme zu sättigen oder zehn Armen jeweils eine mittelmäßige Kleidung zu geben. Ist der Diener dazu nicht in der Lage, muss er drei Tage hintereinander fasten.[151]

Mit einem anderen Namen außer Allah schwören

Wer bei etwas anderem außer Allah schwört, verfällt dem *Kufr*.[152]

Als der Gesandte Allahs einen Mann hörte, der mit einem anderen Namen außer Allah schwo,r sagte er:

---

151 Büyük Islam Ilmihali, S.401.

152 Tarikat-i Muhammediye, S.382.

„Schwört nicht bei euren Vätern. Und wer im Namen Allahs schwört, soll die Wahrheit sagen. Wem durch Allah etwas geschworen wird, der soll sich damit zufrieden geben. Wer mit einem bei Allah geschworenen Schwur nicht zufrieden ist, kann den Segen Allahs nicht erlangen.“[153]

Das häufige Schwören, auch wenn es bei wahren Dingen ist

Allah gebietet in der Person des Gesandten Allahs:

„Und höre nicht auf jeden erniedrigten Viel-Schwörenden.“ (Al Qalam, 10)

Nach einer Überlieferung schwor *Imam Ahmad bin Hanbal* aus Respekt vor Allah niemals in seinem ganzen Leben.

Ashas bin Qays sagte:

„Einmal kaufte ich meinen Schwur durch siebzig Tausend Dirham. Also ich zahlte so viel Geld um nicht schwören zu müssen.“

Verkauft man etwas, sollte man sich davor hüten, oft zu schwören. Auch wenn es einen verdienen lässt, so lässt es einen später traurig werden.[154]

Das Verfluchen

Es ist eine Krankheit der Zunge, dass man jemanden verflucht besonders damit jemand im *Kufr* stirbt. Es gibt auch einige die sagen, dass dieses Art von *Dua Kufr* ist. Einige sagen, wenn jemand so eine *Dua* macht, weil er den *Kufr* billigt, dann wird er zum *Kafir*. Es ist auch nicht erlaubt einen anderen *Muslim*

---

153 Tarikat-i Muhammediye, S.382.

154 Ramuz el Ehadis, Bd.1, S.175.

mit etwas anderem außer dem *Kufr* zu verfluchen. Ist der, den man verflucht, ein Tyrann, so sollte man nicht übertreiben und ihn seiner Tyrannei gemäß verfluchen. Das Beste ist jedoch einen *Muslim* nicht zu verfluchen, auch wenn er ungerecht ist.[155]

Der Mensch sollte sich selber auch nicht verfluchen.

Im Quran heißt es:

„Und der Mensch bittet (ALLAH) um das Böse, wie er um das Gute bittet. Und der Mensch ist voreilig." (Al Isra, 11)

Niemand sollte den Tod begehren. Ist man ein Guter, so kann man seine guten Taten vermehren und ist man ein Schlechter, so kann man auf seinen Wunsch auf Allahs Wohlgefallen hoffen.[156]

Die Auflehnung gegen das Oberhaupt

Im Islam wird es nicht als gut angesehen, dass man sich gegen das Oberhaupt auflehnt, ihn und seine Worte nicht akzeptiert und ihm in erlaubten Sachen nicht gehorcht. So wie der Gehorsam des Volkes seinem Herrscher gegenüber, der Kinder den Eltern gegenüber, der Schüler ihren Lehrern gegenüber, der Frauen ihren Männern gegenüber und den Unwissenden den Gelehrten gegenüber.[157] Natürlich ist die Persönlichkeit, der Glaube und der Zustand desjenigen, dem man folgt, sehr wichtig. Egal ob es Herrscher, Lehrer, Eltern sind, solange sie nicht zur Wahrheit aufrufen und nicht versuchen, sie in die Tat umzusetzen, braucht man ihnen nicht Folge zu leisten.

155 Tarikat-i Muhammediye, S.375.
156 Tarikat-i Muhammediye, S. 375.
157 Tarikat-i Muhammediye, S. 397.

Die Vertiefung in die Freundschaft

Es ist für einen Muslim erforderlich, dass er Wissen erlernt, den islamischen Anstandsregeln und Gottesdiensten Wichtigkeit beimisst und sich mit Handel oder einer Tätigkeit beschäftigt, wodurch er seinen Lebensunterhalt verdient. Sind diese oder einige von diesen Angelegenheiten bei einem Muslim nicht vorhanden und er ist dauerhaft mit Menschen befreundet, gilt er als bankrott.

Abu Bakr Shibli sagte:

„Die Freundschaft mit den Menschen ist ein Anzeichen des Bankrotts."

Denn die Freundschaft zu den Menschen hält einen von den weltlichen und religiösen Aufgaben ab und treibt einen aus beiden Aspekten in den Bankrott. Ein Muslim darf nicht einmal eine Minute seiner Zeit verschwenden.[158]

Genauso schlecht ist es, wenn man sich ausschließlich mit weltlichen Tätigkeiten beschäftigt und dabei die religiösen Aufgaben vernachlässigt.[159]

Die Liebe zu den Gütern

Allah teilt uns im Quran mit:

„Eure Vermögensgüter und eure Kinder sind nur Fitna. Und bei ALLAH gibt es gewaltige Belohnung." (At-Taghabun, 15)

Wer seinen Gütern und seinen Kindern einen größeren Stellenwert beimisst als der Belohnung Allahs, ist offensichtlich in einem großen Verlust.

---

158 Vesiletün Necat, S.128.
159 Tarikat-i Muhammediye, S.284.

Stirbt ein Diener, fragen die Engel „ Was hat er vorausgeschickt?“ und die Menschen fragen „ Was hat er hinterlassen?“.[160]

Es ist natürlich erlaubt sich Besitz anzueignen und es bei richtigen Angelegenheiten auszugeben.

Yahya bin Muadh sagte:

„Es gibt zwei Prüfungen, von denen weder die Vorfahren noch Nachfahren seinesgleichen gehört haben. Sie treffen den Diener im Todesfall bzgl. seines Gutes.“

„Welche sind es?“ Wurde gefragt.

Er antwortete:

„Sein ganzes Gut wird ihm genommen und er wird über sein ganzes Gut befragt.“

Die Nachteile des Gutes

Die Nachteile des Gutes:

Es kann die Menschen zu Sünden führen. Machtlosigkeit und Unmöglichkeit sind oft ein Hindernis zwischen den Sünden und einer Person. Keine Möglichkeit zu haben, lässt einen Unschuldig, sagt man. Es ist für jemanden schwierig geduldig zu sein„ der materielle Möglichkeiten bekommt. Besitzt der Mensch nichts, kann er nur geduldig sein. Der Reiche jedoch steht zwischen der Geduld und der Sünde, die ihm seine Möglichkeiten bieten. Die Geduld fällt dann schwer. Eine andere wichtige Sache ist, dass sich schlechte Frauen und Männer in seiner Umgebung vermehren, die ihn zum Schlechten rufen, wenn er materielle Möglichkeiten besitzt.

Der Reichtum bringt einen dazu bezüglich des erlaubten Essens, Trinken und Gebrauches zu übertreiben und zu verschwenden.

160 Ihya-yi Ulum-id Din, Bd.7, S.231- 235.

Die Vermehrung und Bearbeitung des Gutes hindert einen daran, Allah zu gedenken. Obwohl alles, was einen vom Gedenken Allahs abhält, ist schädlich.

Nach einer Überlieferung sagte *Isa*:

„Eins der drei Nachteile des Gutes ist, dass man es nicht auf erlaubte Weise verdient."

Daraufhin fragte man ihn:

„Und wenn er es auf erlaubte Weise verdient, was sind dann die anderen Nachteile?"

Isa antwortete:

„Es wird für unrechtmäßige Dinge ausgegeben."

„Und wenn man es rechtmäßig ausgibt?" Wurde gefragt.

Isa antwortete:

„In diesem Fall hält ihn die Kontrolle, die Bewahrung und Vermehrung des Gutes vom Gedenken Allahs ab."[161]

Der *Shaytan* sagte:

„Ein Besitzer von Gut kann sich durch drei Nachteile des Gutes von mir nicht befreien. Ich greife ihn morgens und abends an, damit er etwas Verbotenes erwirbt. Ich lasse ihn unnötig ausgeben. Ich lasse ihn das Gut lieben. Somit kann er den Rechten des Gutes nicht gerecht werden."

Die Ursache für Liebe zum Gut ist, dass man den Wunsch hat, seinen Kindern und Verwandten etwas zu hinterlassen. Und dies entsteht aus Unwissenheit. Denn Allah übernimmt die Versorgung seiner Geschöpfe.[162] Trotzdem müssen wir uns den Befehl Allahs im Quran vor Augen halten und dürfen nicht vergessen, dass es eine individuelle Pflicht ist, den Unterhalt zu erwerben:

---

161 Ihya-yi Ulum-id Din, Bd.7, S.249-250.

162 Tarikat-i Muhammediye, S.226.

„Arbeitet auf Erden und esst von meinem Rizq!!!"

Es gilt als eine gute Charaktereigenschaft Güter gemäß dem Islam zu erwerben und auszugeben, indem man dankbar ist und sein Herz nicht mit der Liebe zu Gütern füllt.

Die Begierde

Arbeitet man übertrieben um etwas zu erwerben und wird dadurch geistig und körperlich schwach; dann ist dies Gier. Es ist sehr schlecht; wenn man dies rein aus weltlichen Interessen macht. Macht man es um Gaben im Jenseits zu erwerben; so ist es eine gute Sache. Ist man gierig um Weltliches zu erwerben; so hält es einen von dienerischen Aufgaben ab.

Der Gesandte Allahs sagte:

„Hätte der Mensch zwei Täler voller Gold, so würde er ohne Zweifel ein Drittes verlangen. Das Auge des Menschen wird nur durch die Erde gesättigt. Nur wer die Gier verabscheut und bereut, dessen Reue nimmt Allah an."

Omar sagte:

„Die Gier ist Armut. Die Hoffnung auf das, was die Menschen besitzen aufzugeben, ist Reichtum."

Es wird gesagt:

Das Leben vergeht. Es besteht nur aus wenigen Tagen Schwierigkeiten, die sich wiederholen. Man soll sich mit dem Leben, welches bestimmt wurde, begnügen! Man soll von den Gelüsten ablassen! Als Freier soll man leben. Ohne Zweifel, es gibt viel Unheil, welches dem Menschen durch Gold, Diamanten und Rubine gebracht wird.[163]

163 Ihya-yi Ulum-id Din, Bd.7, S.251-252.

Der Aberglaube / Die schlechten Zeichen

(*Tatayyur*) Das bedeutet, dass man Dinge oder Personen, die einem begegnen während man mit einer Angelegenheit anfängt oder sich auf eine Reise begibt, als Unheilbringend betrachtet. Dies sind Überbleibsel aus der Zeit der *Jahiliyyah*.

Der Gesandte Allahs sagte:

„Die Krankheit selber ist nicht ansteckend. Etwas als Unheilbringen zu werten gibt es nicht. Das Schreien der Eule ist wirkungslos. Der Monat Safar hat keine gute oder schlechte Auswirkung. Aber flüchte vor dem Leprakranken wie du vor einem Löwen flüchtest.“[164]

In der Zeit der *Jahiliyyah* dachte man, dass die Krankheiten von sich aus ansteckend sind und nicht einer göttlichen Wirkung unterstehen. Nach der islamischen *Aqida* ist der wahre Verursacher/Wirker Allah.

Gibt es bei Krankheiten eine ansteckende Besonderheit, so macht Allah sie ansteckend.

Folgende und ähnliche Aberglauben sind unrechtmäßig:

Das Geschrei von Tieren oder Vogelzwitschern, manche Tage als unheilbringend betrachten, an diesen Tagen keine Arbeiten beginnen, begegnet man jemandem auf dem Weg zur Arbeit über den man denkt, dass er unheilbringend ist und sagt „ Ich habe xy getroffen, jetzt werden meine Angelegenheiten schlecht laufen“. Eine Zahl oder ein Ereignis als unheilbringendes Anzeichen zu werten ist nicht erlaubt, weil es das Ergebnis von schlechtem Denken und reiner Einbildung ist.

164 Zübdetü'l Buhari, Ömer Z.Dagistanli, S.938.

Die guten Zeichen/Fa'l

Fa'l bedeutet folgende Dinge als Segen zu betrachten: ein passendes Wort zu sagen, sich zu freuen, wenn man in das Gesicht eines Frommen schaut oder wenn man jemandem an gesegneten Tagen begegnet, den man sehr lieb hat. . Dies ist *Mustahabb.*

Der Gesandte Allahs sagte:

„Adwa, etwas als unheilbringen zu werten gibt es nicht, aber Fa'l gefällt mir."

Die Ashab fragte:

„Oh Gesandter Allahs was bedeutet Fa'l?"

Er antwortete:

„Ein schönes Wort."

Bei *Fa'l* urteilt man nicht über das Verborgene. Es beinhaltet nur den Glauben um etwas Gutes zu bitten, die Hoffnung auf Wunscherfüllung und eine frohe Botschaft von Allah zu erlangen.[165]

Die Wahrsagung

Es ist im Islam verboten Wahrsager aufzusuchen und ihren Worten Glauben zu schenken. Wenn jemand zu einem Wahrsager geht und von Herzen daran glaubt, was er einem sagt, so verfällt er – Allah bewahre - dem *Kufr*.

Durch den *Kufr* werden sein Iman, seine Ehe und seine guten Taten bis zu diesem Tage nichtig. Er steht mit leeren Händen und gilt als Kafir. Bestätigt er die Worte des Wahrsagers

165 Tarikat-i Muhammediye, S.217-219.

nicht, so erkennt Allah vierzig Tage seine Gottesdienste wegen der Sünde der Wahrsagung nicht an.

In einem Hadith zu diesem Thema wird gesagt:

„Wer zu einem Wahrsager geht und ihn bestätigt verzichtet auf das, was Muhammad offenbart wurde. Und wer nicht daran glaubt und trotzdem hingeht, dessen Gebete werden vierzig Tage nicht akzeptiert."[166]

Im Quran wird berichtet, dass keiner das Verborgene außer Allah kennt. Wie soll dann ein Wahrsager über kommende Ereignisse berichten können?

Der Gesandte Allahs sagte:

„Wer etwas als Unheil wertet, über wen Unheil gesagt wird, wer wahrsagt und zum Wahrsager geht um etwas Verborgenes zu erfahren, wer Zauber praktiziert und praktizieren lässt, ist nicht von uns."[167]

Das Fragen nach dem Wesen des Schicksals

Imam Abu Hanifa fragte *Imam Jafar Sadiq*:

„Überlässt Allah den Menschen ihre gewollten Angelegenheiten ihren Wünschen?"

„Allah überlässt seine Herrschaft nicht seinen machtlosen Dienern."

„Zwingt er seine Diener Dinge zu tun?"

„Allah ist gerecht. Es passt nicht zu seiner Gerechtigkeit, dass er seine Diener zu Sünden zwingt um sie anschließend in die Hölle zu werfen."

166 Hz. Muhammed'in Sünnetinde Terbiye, S.247.
167 Aile Egitimi, Bd.2, S.426.

„Durch wessen Wunsch geschehen die gewollten Bewegungen der Menschen und wer macht es?"

Jafar Sadiq antwortete:

„Er überlässt die Angelegenheiten nicht den Wünschen der Menschen und zwingt niemanden zu etwas. Es geschieht zwischen diesen beiden Dingen. Er überlässt die Erschaffung nicht seinen Dienern und zwingt sie zu keinen Handlungen."

Nach der Ansicht der Gelehrten der *Ahlu Sunnah* ist der Schöpfer aller gewollten und ungewollten Handlungen nur Allah. Bei der Erschaffung einer Handlung bleibt dem Diener diese Handlung durch seinen begrenzten Willen (*juzi Irada*) zu wollen und sich Anzustrengen um seinen Willen in die Tat umzusetzen. Dies nennt man *„Kisb"* verdienen. Also ist Allah der absolute Schöpfer der Handlungen (*Fail*) und die Diener verdienen sie (*Kasib*).

Zum Beispiel: Ein Mensch nimmt sich fest etwas vor und er besitzt die Kraft, es zu machen. Eine andere Ursache tritt auf, wenn er damit anfangen möchte und die vorgenommene Angelegenheit ist damit erledigt. Hier haben Qada Qadar und der absolute Wille diese Handlung verhindert. Das Qadar ob gut, schlecht, schmerzhaft oder angenehm kommt immer von Allah.

Da man nicht weiß, was das Qadar ist, ist man verpflichtet auf dem Weg zu gehen, den Allah einem vorgeschrieben hat. Alles was ihm auf diesem Weg widerfährt, wird ihm gut vergolten –durch seine gute Absicht-. Sich gegen das Qadar aufzulehnen, unüberlegt darüber zu reden, ist so, als wenn man über Dinge berichtet, die wir nicht kennen und die unsere Gefühle nicht erreichen können.

Es ist eine Bedingung des Iman das Qadar zu bestätigen

Imam Birghiwi sagte:

Das Wissen über Qadar ist ein Geheimnis von Allahs Geheimnissen, die er vor seinen Dienern verbirgt. Dieses Wissen eröffnete er nicht mal seinen Engeln und Propheten, die ihn am nächsten sind. Dieses Wissen ist ein großer Ozean. Niemandem ist es erlaubt, diesen Ozean zu betreten bzw. über das Qadar zu reden. Wir müssen wissen, dass Allah die Menschen erschafft. Einige sind Schlechte und werden in der Hölle verweilen. Einige sind glückselig und werden ins Paradies eintreten.

Jemand fragte *Imam Ali* nach dem *Qadar* und er antwortete:

„Es ist ein dunkler Weg. Laufe nicht auf diesem Weg!"

Er wurde wieder gefragt und erwiderte:

„Es ist ein tiefer Ozean."

Als dieser wieder fragte, entgegnete er:

„Al Qadar ist ein Geheimnis von Allah. Dieses Wissen hat er vor dir versteckt."

Abu Hanifa hütete sich davor, sich in das Thema Qadar zu vertiefen. Und dies riet er auch seinen Gefährten. Er sagte über das Qadar:

„Es ist eine gewaltige Angelegenheit, welche gegenüber dem Menschen errichtet wurde. Wer kann diese lösen und seine Gewaltigkeit bezwingen? Sie ist so eine verschlossene Sache, dessen Schlüssel verschwunden ist. Wird ihr Schlüssel gefunden, dann wird das, was in ihr ist, offenkundig. Diejenigen, die diese Sache öffnen werden, sind nur solche, die Nachrichten von Allah bringen."

Wer das Qadar ansieht ist wie der, der sie Sonne ansieht. Je mehr er schaut, umso mehr werden seine Augen geblendet und seine Verwirrung vermehrt sich.[168]

Das Forschen und Fragen nach dem Wesen Allahs

Der Gesandte Allahs sagte nach einer Überlieferung *Imam Bukharis* und *Imam Muslims* von *Abu Hurayra*:

168 Prof. Muhammed Ebu Zehra, Ebu Hanife, S.177.

„Es wird eine Zeit kommen, wo die Menschen sich untereinander ununterbrochen über die Geheimnisse von Allahs Wesen befragen werden. Es wird gesagt, Allah erschuf dieses und wer erschuf Allah? Wer so etwas in seinem Herzen verspürt, soll „Ich haben den Iman an Allah und seinen Gesandten verinnerlicht" sagend bei Allah Zuflucht suchen und von diesem Gedanken ablassen."[169]

Abu Hanifa sagte in seinem Werk *Al Fiqh Al Akbar*:

„Wir kennen Allah wie er sein Wesen mit allen Eigenschaften im Quran beschrieb. Keiner kann Allah Ihm entsprechend anbeten. Wir können nur die durch Seinen Befehl befohlenen Gottesdienste ausführen.

Keiner besitzt die Macht, Allah Seiner Göttlichkeit entsprechend, anzubeten. Man führt Gottesdienste aus um seinen Befehl zu befolgen. Aber Ihn auf die überlieferte Weise zu kennen, wie er sich und seine vollkommenen Eigenschaften im Quran beschreibt, ist Allah passend zu kennen und die vollkommene Erkenntnis Allahs aus der Perspektive der Diener."

Die Situationen, in denen es schlecht ist zu schweigen

Es zählt zu den schlechten Verhaltensweisen eines Muslims, dass er die Quranrezitation unterlässt, darauf verzichtet das Gute zu gebieten und das Schlechte zu verbieten, keine Ratschläge zu geben, wo es Sunnah ist und wo man denkt, dass es nützlich sein kann, wenn kein Schaden zu erwarten ist, es als Unwichtig betrachten den Gruß nicht zu geben und nicht zu erwidern, nicht mit seinen Eltern zu reden, die Beziehung zu

169 Tarikat-i Muhammediye, S.349.

den Verwandten abzubrechen, nicht mit Worten einzugreifen um jemanden zu retten, dem Unrecht widerfährt, Allahs Namen nicht zu respektieren, indem man nicht *SubhanAllah* und *TabarakAllah* sagt, wenn Allahs Name erwähnt wird.

Friedensgrüße (*salawat*) über den Propheten auszusprechen ist -nach Ansicht der Gelehrten- einmal im Leben *Wajib.* Nach der Ansicht einiger Gelehrter ist es *Wajib,* jedes Mal *Salawat* auszusprechen, wenn der Name des Gesandten Allahs erwähnt wird. Worte, welche *Wajib* oder *Sunnah* sind, nicht auszusprechen und zu schweigen, ist verboten oder verpönt. Der Gesandte Allahs sagte:

> ***„Wer gegenüber einem Unrecht schweigt, ist ein zungenloser Shaytan."***[170]

Die sinnlose Erforschung

Es ist unbedenklich detailliert nachzufragen, ob etwas erlaubt, verboten, rein oder unrein ist.

Ist kein Anzeichen vorhanden, dass etwas verboten oder unrein ist, so ist das Nachforschen nicht richtig.

Zum Beispiel man fragt den Besitzer, wenn man etwas kaufen möchte *„ Woher hast du dies besorgt oder erworben?"* oder man forscht danach, ob der Gebetsteppich rein ist oder nicht, obwohl kein Anhaltspunkt vorhanden ist, der auf seine Verunreinigung hinweist. All diese Dinge bereiten dem Gegenüber Schwierigkeiten. Dies ist *Bidah* und ein Anzeichen von schlechten Gedanken, Heuchelei, Überheblichkeit und Unwissenheit.

Es ist erforderlich für den Wahrheitssuchenden, so wie die *Ashab* und *Tabiin* zu handeln, indem man auf das Gesehene vertraut.[171]

---

170 Tarikat-i Muhammediye, S.415-421.

171 Tarikat-i Muhammediye, S.397.

Die Einflüsterungen

Waswasah ist etwas Schlechtes und bedeutet Einbildung. Sie verursachen, dass man das Gebet bis zur verpönten Uhrzeit verschiebt, auf die Gemeinde verzichtet, und von Bildung, *Dhikr* und Denken abgehalten wird. Von solchen und anderen Tugenden wird man weggetrieben. Sie verursachen, dass die Zeit sinnlos verstreicht.

Die Einflüsterungen verursachen auch, dass man neue verpönte Dinge in die *Din* einführt. So wie einen extra Behälter für die rituelle Waschung, extra Kleidung und Teppich für das Gebet zu gebrauchen, den Behälter eines anderen nicht für die rituelle Waschung zu benutzen, nicht mit der Kleidung und dem Teppich eines anderen zu beten, nicht zu essen, weil man sich einredet, es wäre nicht erlaubt und ähnliche *Bidah*. Es gibt noch andere Sorten: Man ist überheblich und hochmütig, weil man schlecht über Muslime denkt und sich einbildet, dass sie sich bei der rituellen Waschung und Vollwaschung beim Essen und Trinken nicht vor verbotenen Dingen hüten und ihr Gebet nicht akzeptiert wird...

Die Heilung der Einflüsterungen sind Wissen und Taten. Die obigen Nachteile der *Waswasah* zu kennen und öfters an ihren Schaden zu denken, vertreibt die Einflüsterungen.

Der Gesandte Allahs sagte:

„Keiner von euch soll in die Dusche urinieren, denn die meisten Einflüsterungen kommen daher." [172]

Nach den Überlieferungen hielt sich die *Ashab* von unreinen Dingen strikt fern und zweifelten nicht an reinen Dingen und untersuchten sie nicht. Ihre ganze Aufmerksamkeit schenkten sie der Reinigung des Herzens von den schlechten

172 Tarikat-i Muhammediye, S. 532-535.

Charaktereigenschaften und der Verzierung durch gute. Besonders vor Menschen und Tierrechten flüchteten sie. Sie waren sehr pingelig bei der Bewahrung von Zunge, Ohr und Auge.

Eine Entschuldigung nicht akzeptieren

Entschuldigt sich ein Muslim, so sollte man sie akzeptieren und nicht zurückweisen.

Der Gesandte Allahs sagte:

„Wer die Entschuldigung seines Bruders nicht akzeptiert, bekommt die gleiche Sünde wie die Geldeintreiber des Sultans, die zu Unrecht Steuern einsammeln.“[173]

Die Wegweisung durch Worte an diejenigen, die den Sünden verfallen

Es ist nicht erlaubt, jemandem einen Weg zu zeigen, der sündigen möchte. Denn das bedeutet, dass man dem Täter bei seinen Sünden hilft. Allah gebietet im Quran:

„Und kooperiert miteinander beim gottgefällig Gebotenen und bei Taqwa. Doch kooperiert nicht bei dem Verwerflichen und bei der Übertretung!“ (Maidah, 2)

In dem Werk *Khulasa* steht:

Wenn ein Nichtmuslim einen Muslim nach dem Weg der Kirche fragt, dann ist es nicht richtig, dass der Muslim ihm den Weg weist.

---

173 Tarikat-i Muhammediye, S. 392.

Den Tyrannen und ihren Helfern, die zu einer Ungerechtigkeit und einer Sünde gehen wollen und denen, die hinter einer unrechtmäßigen Sache hinterherlaufen, sollte man nichts beibringen, was ihnen behilflich sein könnte.[174]

Der Traum lange zu leben

Imam Ali überliefert, dass der Gesandte Allahs sagte:

„Ich fürchte mich um euch am meisten für zwei Dinge:

1. ***Den Gelüsten zu folgen,***
2. ***Tulu Amal, Sich vorzustellen, lange zu leben."***

Eine Person schrieb seinem Freund in einem Brief:

Wisse das weltliche Leben ist ein Traum. Und das Jenseits ist das Aufwachen aus dem Traum... Der Tot liegt zwischen beiden. Wir wenden uns in wirren Träumen. Der Friede sei mit dir!

Es wird von *Abu Bakr* überliefert, dass er in einer *Khutbah* sagte:

„Wo sind diejenigen, deren Gesichter schön und glänzend sind und die verzückt über ihre Jugend sind?

Wo sind die Herrscher, die Städte und Mauern bauten um sie zu schützen?

Wo sind die Sieger der Kriege?

Der Herr der Zeit hat sie alle niedergestreckt. Sie haben sich in die Dunkelheit der Gräber gekuschelt.

Eilt! Eilt zur Rettung zur Rettung!"

Jeder denkt er hätte wenige Bestrebungen.

Wenige Bestrebungen zu haben hat Anzeichen:

---

174 Tarikat-i Muhammediye, S.399.

Die Gottesdienste korrekt auszuführen, seine ganze Kraft dabei aufzuwenden und den Wert des Lebens zu erkennen.

Fünftes Kapitel

Die Familie stellt die kleinste Form und das Fundament des sozialen Gefüges dar.

Sie ist eine Gemeinschaft, die im Kern aus Eltern und Kindern und in der Hülle aus ihnen und ihren Verwandten besteht.

Das Elternhaus im Islam ist eine Gemeinschaft, in der Werte respektiert werden und in der ein rechtmäßiger Glaube und tugendhafte Charakterregeln herrschen.

Der Charakter ist eine soziale Disziplin

Die islamische Gemeinschaft ist in erster Linie eine sich vervollkommnende und fortschrittliche Zusammenkunft. Denn ihre Individuen sind verbunden mit den Urteilen ihrer Din. Wer die Charakter und Lebensregeln des Islam verinnerlicht, ist eine vorbildliche und nützliche Person für seine Gemeinde.

Die Ruhe und Zufriedenheit der Gemeinschaft ist nur durch Muslime möglich, die im quranischen Leben versinken, ihn im täglichen Leben praktizieren und ihn veranschaulichen.

Der Islam als universeller Din beabsichtigt alle Menschen unter seinem Dach zu vereinen und lässt nicht von diesem Ideal ab. Er möchte den Menschen von der Aufsässigkeit befreien. Er duldet keine Philosophie der Sorglosigkeit. Den Muslimen wird im Quran ein Ideal gegeben, welchem sie verpflichtet sind zu dienen:

„... dass die Erde doch Meine gottgefällig guttuenden Diener beerben." (Al Anbiya, 105)

Der Charakter ist nicht nur ein Ergebnis von individuellen Tugenden, sondern eine soziale Disziplin. Kein menschliches System konnte allein durch seine Gesetze die zwischenmenschlichen Beziehungen ausreichend regeln.

Die besten Gesetze bezüglich Familie, Nachbarn, Hilfe, Freundschaft, Schüler, Lehrer, Glaubensbrüder und der anderen Menschen erlässt die absolute Autorität Allah.

Die Familie im Islam

Der islamische Charakter duldet auch in der Familie, so wie in allen anderen Bereichen des Lebens, keine Disziplinlosigkeit.

Für ein vollkommenes und glückliches Familienleben ist die oberste Bedingung der Ausgleich zwischen Rechten und Pflichten. Eine Familie, in der Rechten und Pflichten nicht beachtet werden, ist zum Zerfall oder Scheitern verurteilt. Der Islam erklärt ganz detailliert die Rechte, Pflichten und Beziehungen zwischen den einzelnen Familienmitgliedern.

Die Heirat ist der Befehl Allahs und die Sunnah unseres Propheten

Im Islam bedeutet Heirat, dass Mann und Frau sich in Liebe, Toleranz, gegenseitiger Hilfe und Barmherzigkeit vereinen, damit sie und ihre Herzen Befriedigung finden und als Ergebnis von diesen, Kinder auf die Welt bringen.

Ein bewusster Muslim ist ein vorbildlicher Ehemann und eine bewusste Muslima ist eine vorbildliche Ehefrau.

Die Aufgaben und Pflichten der Eltern gegenüber ihren Kindern

Muslimische Eltern kennen die Pflichten, die der islamische Charakter ihnen aufgibt, und erkennen, dass sie verantwortlich für die Erziehung ihrer Kinder sind.

Es ist notwendig, dass die Kinder mit dem Gehorsam gegenüber Allah und seinem Gesandten erzogen werden.

Die Verpflichtung der Familie gegenüber den Kinder ist nicht nur auf die Ernährung, Versorgung, Bekleidung, Behandlung und Deckung von anderen materiellen Bedürfnissen begrenzt. Die Eltern müssen hinsichtlich. der Kindererziehung ausreichend wissen erwerben.

Die Verantwortung und Pflichten gegenüber den Eltern

Die Pflichten der Kinder gegenüber ihren Eltern können wir wie folgt aufzählen:

Jedem Befehl der Eltern Gehorsam leisten, der keine Sünde beinhaltet.

Die Eltern mit einer höflichen, liebenswürdigen und sehr respektvollen Art anreden.

Sich sofort aufzurappeln und mit Respekt aufstehen, wenn sie in einen Raum eintreten.

Ihre Hände mit Respekt zu küssen, wenn sie fort waren, wiederkehren und zu günstigen Zeitpunkten.

Pingelig dabei zu sein die Persönlichkeit, Ehre, ihr Ansehen und ihr Gute zu wahren.

Ihnen das servieren, was sie gerne möchten.

Bei wichtigen Angelegenheiten sie nach ihrer Meinung zu fragen und alle passenden Angelegenheiten mit ihnen zu besprechen.

Viel Dua für sie zu machen und Allah für sie um Vergebung bitten.

Ist man bei ihnen zu Besuch, soll man nahe zur Tür sitzen und ihre Befehle erachten , damit man sie befolgen kann.

Ihnen gegenüber nicht mit erhobener Stimme reden.

Ihnen zuhören, wenn sie reden und nicht zu unterbrechen.

Das Haus nicht zu verlassen, wenn sie es nicht erlauben.

Aufpassen, dass man sie nicht stört, wenn sie schlafen.

Seinen Ehepartner und seine Kinder ihnen nicht vorzuziehen. In jeder Sache gibt man ihnen den Vorrang.

Sie nicht zu kritisieren, wenn sie etwas machen, was man nicht mag.

Nicht lauthals zu lachen in ihrer Gegenwart, wenn es nichts Wichtiges gibt, worüber man lachen könnte.

Nicht zuerst mit dem Essen anfangen.

In der Gegenwart der Eltern die Beine nicht langzumachen, sondern ordentlich sitzen und die Grenzen des Anstands nicht überschreiten.

Ist man mit ihnen zusammen, lässt man sie zuerst eintreten und läuft nicht vor ihnen. Rufen sie nach einem, so antwortet man mit „Bitte".

Die Freunde und Bekannten der Eltern auch nach ihrem Ableben besuchen.

Keine Freundschaft mit denen einzugehen, die die Eltern verletzt haben und ihnen nichts Gutes taten.

Besonders wenn die Eltern alt sind und sie leicht krank werden können mit Geduld und Liebe nachgeben.

Nach dem Tod sollten die Kinder ihre Eltern waschen und ins Leichentuch einwickeln, wenn kein wichtiger Grund vorhanden ist, der dies verhindert.

So wie es erforderlich ist, dass die Kinder gegenüber den Eltern keine Fehler wegen. des Respektes machen, so ist es auch erforderlich, dass sie es ihren Kindern raten.

Ibn Sirin sprach aus Respekt seiner Mutter gegenüber mit einer schwächlichen Stimme, so als wenn er krank wäre.

Allah gebietet im Quran:

„Und WIR wiesen dem Menschen hinsichtlich seiner Eltern zu: „Seine Mutter war mit ihm schwanger in Schwäche über Schwäche, und seine Entwöhnung erfolgt in zwei Jahren. Erweise dich Mir und deinen Eltern gegenüber dankbar!" (Luqman, 14)

Wer seine Eltern mit barmherzigem Blick ansieht, erhält die Belohnung einer anerkannten Hajj.[175]

Die Freundschaft und der Zusammenhalt mit den Verwandten

Allah gebietet in einem Vers:

„Und dient ALLAH und betreibt Ihm gegenüber keinerlei Schirk! Und die Eltern behandelt Ihsan gemäß und die Verwandten, Waisen, Bedürftigen, den verwandten Nachbarn, den nicht-verwandten Nachbarn, den nächsten Gefährten, den Reisenden und diejenigen, die euch gehören. Gewiss, ALLAH liebt nicht denjenigen, der eingebildet, arrogant ist." (An Nisa, 36)

So wie man es in diesem Vers sieht, kommen die Verwandten aus dem Aspekt der Wichtigkeit nach den Eltern.

Im Quran und im Islam wird der Verwandtschaft große Wichtigkeit beigemessen, ihre Rechte werden gewahrt und ihnen Schlechtes anzutun ist untersagt. In der islamischen Fachsprache werden die Verwandten mit dem Wort „ Arham" bezeichnet. Sie sind entweder unsere Verwandten durch Heirat oder durch Abstammung. Der Islam zählt unsere Verwandten nach folgender Reihenfolge auf:

175 Ramuz el Ehadis, Bd.2, S.382.

Väter

Mütter

Opas

Omas

Brüder

Schwestern

Onkel und Tanten väterlicherseits

Kinder der Brüder

Kinder der Schwestern

Onkel und Tanten mütterlicherseits und danach die anderen Verwandten.

Die Bedeutung von „Arham"

Die Verwandten werden in unserer Din aus zwei Gründen mit Arham beschrieben:

1. Die Einzahl von Arham ist Rahm und stammt von dem Wort Rahman.

Der Gesandte Allahs überliefert, dass Allah in einem Hadith Al Qudsi sagte:

„Ich bin Allah. Ich bin der Rahman, ich erschuf den Rahm, ich gab ihm einen Namen von meinem Namen. Wer nun den Rahm aufrecht erhält und eine Beziehung zu seinen Verwandten pflegt, dem werde ich meinen Segen senden. Wer ihn abschneidet und kein Interesse zeigt, von dem hebe ich meinen Segen auf."

2. Verwandtschaft verwirklicht sich durch die Erforschung der Wurzel, der Herkunft eines Menschen, mit welcher man verbunden ist. Denn die Verwandten eines Menschen vermehren sich durch eine Gebärmutter, aus der sie kommen.

Der Nutzen mit seinen Verwandten gut auszukommen

Es ist ein Anzeichen von Iman an Allah und seinen Gesandten, dass man gute Beziehungen zu seinen Verwandten und Bekannten aufbaut.

Den Verwandten Gutes zu tun, bringt Gütern und Leben Segensfülle und verursacht Vermehrung von Gütern und Verlängerung vom Leben.

Positive Beziehungen zu den Nahen aufzubauen, führt zu Vergebung von Sünden.

Ein Mann kam zu dem Gesandten Allahs und fragte:

„Ich habe eine große Sünde begangen, gibt es für mich die Möglichkeit der Reue?"

Der Gesandte Allahs fragte: ***„Hast du eine Mutter?"***

Er antwortete: *„Nein."*

Der Gesandte Allahs fragte ***„hast du eine Tante?"***

Er antwortete: *„Ja."*

Daraufhin entgegnete der Gesandte Allahs: ***„So tu ihr Gutes."***

Die Beziehung zu den Verwandten abzubrechen verursacht, dass man sich vom Paradies entfernt.

Wer die Familienbande vernachlässigt, kommt nicht ins Paradies.[176]

Abdullah bin Masud duldete es nicht, dass Menschen, die ihre Familienbeziehungen abgebrochen haben, in seinen Versammlungen sind, weil dies die Anerkennung der *Dua* verhindern könne.

Der Abbruch der Familienbande, zählt zu den Sünden, deren Bestrafung früh und im Diesseits gegeben wird.

176 Aile Egitimi, Bd.1, S.424-429.

Ein Muslim bekommt für jede gute Tat seinen Verwandten gegenüber zwei Belohnungen. Einmal dafür, weil er sein Verwandter ist und einmal bekommt er die Belohnung von Almosen (Sadaqah). Darum ist es besser, dass man seinen Verwandten gegenüber gütig ist, wenn sie Bedarf haben.

Der Gesandte Allahs hat die Richtlinien für das Gute gegenüber den Verwandten recht weit gehalten.

Das Gute gegenüber den Verwandten sollte nicht nur als materielle Hilfe verstanden werden, denn es hat eine tiefgründigere Bedeutung. Manchmal verwirklicht es sich, abgesehen von der Deckung der Bedürfnisse von armen Verwandten, durch einen Besuch, der die gegenseitige Liebe, Barmherzigkeit verstärkt. Manchmal verwirklicht sich Hilfe durch Ratschläge. Durch schöne und passende Worte. Und mit weiteren guten Taten.

Das Verhältnis des Muslims zu seinen Nachbarn

Ein anderes Recht, welches ein Muslim sehr beachten sollte, ist das Recht der Nachbarn.

Allah gebietet im Quran:

„Und dient ALLAH und betreibt Ihm gegenüber keinerlei Schirk! Und die Eltern behandelt Ihsan gemäß und die Verwandten, Waisen, Bedürftigen, den verwandten Nachbarn, den nicht-verwandten Nachbarn, den nächsten Gefährten, den Reisenden und diejenigen, die euch gehören." (An Nisa, 36)

Der verwandte Nachbar ist jemand, der abgesehen von der Nachbarschaft, ein Verwandter ist. Die Verwandtschaft kann auf Familienbande aber auch auf religiöser Verwandtschaft basieren. Der Nachbar wird zu einem verwandten Nachbarn, weil er ein Muslim ist im Gegensatz zu einem nichtmuslimischen Nachbarn. Ein entfernter Verwandter ist jemand zu dem keine Familienbande oder ein religiöses Band besteht. Jeder Nachbar hat einem gegenüber Rechte. Auch wenn kein familiäres oder religiöses Band besteht.

Kab bin Malik erzählte: *Ein Mann kam zu dem Gesandten Allahs und erzählt sein Problem:*

„Oh Gesandter Allahs! Ich habe mich in einer Siedlung niedergelassen. Die, die mir am meisten Schwierigkeiten bereiten sind, meine nahesten Nachbarn."

Daraufhin sandte der Gesandte Allahs einen Boten und ließ Abu Bakr, Omar und Ali zur Moschee rufen. Als sie kamen stellten sie sich auf den Befehl des Gesandten Allahs vor die Tür der Moschee und riefen: Wisset, dass vierzig umliegende Häuser als Nachbarn gelten. Wer sich vor der Boshaftigkeit und Schlechtigkeit seines Nachbarn fürchtet, kommt nichts ins Paradies.

Es wird von *Jabir* überliefert:

Die Nachbarn teilen sich in drei Kategorien: Die Nachbarn, die ein Recht besitzen: Das sind entweder die Kuffar oder die Ahlul Kitab. Die Nachbarn, die zwei Rechte haben: Das ist ein Muslim. Die Nachbarn, die drei Rechte haben: Das sind die Nachbarn, die Muslime und gleichzeitig Verwandte sind. Denn dieser hat die Rechte eines Nachbarn, eines Muslims und eines Verwandten.

Die Wohltätigkeit den Nachbarn gegenüber

Folgende Aussage des Gesandten Allahs ist ein sehr gutes Beispiel dafür, dass man seinen Nachbarn gegenüber wohltätig sein soll:

„Wer seine Tür vor seinem Nachbarn verschließt, damit seine Familie und sein Gut nicht geschädigt werden, dessen Nachbar ist in seinem wirklichen Sinne kein Muslim. Wessen Nachbarn nicht vor der Boshaftigkeit und der Schlechtigkeit von Jemand sicher sind, der ist kein wahrhaftiger Muslim.

Wisst ihr, was die Rechte der Nachbarn sind? Verlangt er Hilfe, so hilfst du ihm. Möchte er Geld leihen, so leihst du es ihm. Wird er arm, so erlässt du ihm seine Schulden. Wird er krank, so fragst du nach seinem Wohlbefinden. Erreicht ihn etwas Gutes, so beglückwünschst du ihn. Trifft ihn eine Musibah, so besuchst du ihn und teilst ihm dein Beileid mit. Stirbt er, so nimm an seiner Beerdigung teil. Erhöhe dein Haus nicht, so dass er keine Luft bekommt, es sei denn, er erlaubt es. Du bereitest ihm keine Umstände durch den Geruch des kochenden Essens, es sei denn, du gibst ihm einen Teil davon. Kaufst du Obst, so gibst du ihm auch einen Teil. Möchtest du nichts abgeben, dann bringe das Obst heimlich nach Hause. Und dein Kind soll mit dem Obst in der Hand nicht rausgehen, so dass die Kinder des Nachbarn traurig werden.“

Mit der Wohltätigkeit den Nachbarn gegenüber fängt man nach der Reihe ihrer Nähe entsprechend an.

Wer der eigenen Tür am nächsten ist, besitzt das Vorrecht.

Ein Muslim geizt auch seinen nichtmuslimischen Nachbarn gegenüber nicht mit der Wohltätigkeit.

Der Gesandte Allahs sagte:

„Wer weiss, dass sein Nachbar hungrig ist und selber satt schläft, hat den Iman nicht wahrhaftig verinnerlicht.“

Ein Muslim denkt an seine armen Nachbarn und berücksichtigt sie, wenn er Essen zubereitet. Denn unter ihnen könnten ungehorsame kleine Kinder, Waisen, deren Haupt geneigt ist, alleinstehende Frauen und kraftlose Alte sein. All dies sollte man sich vor Augen halten um sie nicht zu vernachlässigen.

Der Gesandte Allahs sagte:

„Oh Abu Dharr! Tu viel Wasser rein, wenn du eine Suppe kochst und berücksichtige deine Nachbarn.“[177]

---

177 Ahlak Hadisleri, Bd.1, S.129.

Den Nachbarn nicht schädigen

Das Wahre ist, dass ein Nachbar seinen Nachbarn nicht schädigt. Aber wenn so eine Schädigung vorkommt, dann sollte man geduldig sein. Es gibt verschiede Arten der Schädigung: Lästern, schlechte Worte sagen, Beschimpfen, Müll bei seinem Nachbarn abzuladen, seine aufgehängte Wäsche beschmutzen.

Der Gesandte Allahs wurde gefragt:

„Eine Frau fastet den ganzen Tag. Sie betet nachts. Aber sie schädigt ihre Nachbarn. Was sagt ihr über sie?"

Er sprach:

„Sie ist in der Hölle."[178]

Ein wahrhaftiger Muslim ist der Beste der Nachbarn

Bei Allah ist der beste Nachbar derjenige, der seinen Nachbarn am meisten wohltätig gegenüber ist.[179]

Ein geräumiges Haus, ein frommer Nachbar und ein gehorsames Reittier stammen von der Glückseligkeit eines Muslims.[180]

Gute Nachbarschaft ist eine Quelle von Zufriedenheit und Sicherheit.

In einer frommen Umgebung mit guten Menschen leben

Zu den Eigenschaften eines Muslims zählt, dass er zusammen mit Frommen ist, befreundet mit guten Menschen ist, und

178 Ihya-yi Ulum-id Din, Bd.4, S.574.
179 Ahlak Hadisleri, Bd.1, S.129.
180 Ahlak Hadisleri, Bd.1, S.130.

dass er sich anstrengt ihre Gottesfurcht und ihre Taten zu erreichen. Mit den Guten zusammen zu sein, gibt dem Herz Zufriedenheit und Freude. Folgendes Beispiel ist sehr geeignet:

Das Gleichnis von einem frommen und einem schlechten Freund ist wie das Gleichnis von jemand, der Misk trägt und Rauch bläst. Wer Misk trägt, gibt dir entweder Misk oder du kaufst ihm Misk ab. Oder du bekommst etwas von seinem guten Geruch ab. Wer Rauch bläst, verbrennt entweder deine Kleidung oder du bekommst seinen ekligen Geruch ab.[181]

Ein Muslim wird dazu aufgefordert, in einer muslimischen Umgebung sesshaft zu sein und ihm wird es verwehrt, in einer nichtmuslimischen Umgebung zu leben. Dieses Verbot beinhaltet mehrere Aspekte, aber vordergründig wird der Blickpunkt der Kultur und der Beeinflussung /Talkin betrachtet. Der Mensch wird von seiner Erschaffung her durch seine Umgebung beeinflusst. Solange seine religiöse Lebens- und Denkweise nicht beeinflusst werden, kann man in einer fremden Umgebung leben. Aber werden diese Grenzen überschritten, so wird man schnell von folgender Warnung getroffen:

> ***„Wer sich mit den Mushrikin einigt, mit ihnen zusammen läuft und in ihren Ländern mit ihnen zusammen lebt, wird wie ein Mushrik."***

Die Auswanderung

Widersprechen die sozialen Einrichtungen in der Umgebung, in der man lebt, den eigenen Grundprinzipien, mit anderen Worten entwickelt man sich selber und die Familie in die entgegensetzte Richtung der Erziehung, mit welcher man

181 Müslüman Sahsiyeti, S.203.

verpflichtet ist, dann ist der Muslim gezwungen, diese Umgebung zu verlassen und auszuwandern.

So wie die Äußerung *Imam Maliks* es besagt:

„Von einem Ort, wo das Verbotene offen ausgelebt wird, muss man auswandern. Ist das Schlechte verborgen, so schädigt es nur denjenigen, der es begeht."

Im Quran heißt es:

„Gewiss, denjenigen, deren Ableben die Engel bewirkt haben, während sie sich selbst noch Unrecht antun, zu denen sagten (die Engel): „Woran wart ihr?" Sie sagten: „Wir waren im Lande unterdrückt." Sie sagten: „War denn ALLAHs Erde nicht groß genug, damit ihr darauf auswandert?!" Für diese ist Dschahannam als Unterkunft bestimmt. Und erbärmlich ist sie als (ihr) Werden". (An Nisa, 96)

Kann ein Muslim die Bedingungen seiner Umgebung nicht durch Worte und Taten verändern und ist er nicht imstande sich von diesem Einfluss der Bedingungen durch Zorn vom Herzen zu retten, dann ist es unausweichlich auszuwandern.

Bezüglich des Verlassens einer nicht frommen sozialen Umgebung werden im Quran die Auswanderung der Juden von Ägypten, die ihr Volk wegen ihrem Kufr verließen und die *Ashabul Kahf*, die in eine Höhle gingen, aufgeführt.

Am meisten liebt Allah diejenigen Fremden, die ihre Heimat aus religiösen Gründen verlassen. Allah wird diese am jüngsten Tag mit *Isa* zusammen erwecken.

Die Beziehung des Muslims zu seinen Lehrern

Ein Muslim ist seinen Lehrern gegenüber anständig und respektiert die, die ihn führen, erziehen und Wissen vermitteln.

Der Schüler begegnet seinem Lehrer mit Anstand und Respekt und begrüßt ihn. Er sollte so wenig reden wie möglich und nicht reden, ohne gefragt zu haben. Er stellt ihm Fragen, nachdem er ihn um Erlaubnis gebeten hat und kritisiert seinen Lehrer nicht, indem er in Sachen, deren Wahrheit bekannt sind, keine anderen Meinungen seinem Lehrer gegenüber äußert und nicht sagt: „Jene Person hat eine andere Meinung als Sie." Ist er zusammen mit seinem Lehrer in einer Versammlung, so soll er niemanden anderen etwas fragen, ruhig und anständig sitzen ohne viel nach links oder rechts zu schauen. Ist der Lehrer erschöpft, so soll er ihm nicht viele Fragen stellen und ihn noch mehr erschöpfen. Man sollte keine schlechten Gedanken dem Lehrer gegenüber hegen, indem man seine äußerlichen Taten betrachtet.

Denn er ist eine Person mit Wissen und Weisheit und kennt das Innere seiner Taten besser als seine Schüler.[182]

Der Schüler soll seinen Lehrer nicht mit du oder sie anreden, sondern mit respektvollen Wörtern wie mein Herr, mein Lehrer und mein Meister.

Außerdem soll der Schüler Dua für seinen Lehrer machen, solange er lebt und er soll Respekt vor seiner Familie, seinen Verwandten und denen, die seinen Lehrer lieben, haben.

Der Schüler muss geduldig mit manchen Gewohnheiten oder unpassenden Verhaltensweisen seines Lehrers umgehen und sollte deswegen seinen Unterricht nicht aufgeben. Ist der Lehrer sauer, so sollte er sich sofort entschuldigen und seine Reue zeigen, wenn er dies verursacht hat.

Der Schüler soll den Worten seines Lehrers aufmerksam zuhören, ihn dabei anschauen und nicht unnötig in der Gegend rumschauen. Während des Unterrichts soll er sich nicht mit

182 Bidayetü'l Hidaye, Gazali, S.37.

seiner Kleidung beschäftigen, nicht seine Finger knacken, nicht lachen, solange nichts ungewöhnliches vorfällt, seine Stimme nicht erheben, wenn er lacht und wenn es nötig ist zu lachen, dann soll er lächeln.

Die Tür des Lehrers soll man mit Respekt läuten.

Der Schüler sollte eine Versammlung seines Lehrers erst beiwohnen, wenn er sich ordentlich gereinigt und gekleidet hat, besonders wenn es eine Wissensversammlung ist, sollte er besonders Acht geben.

Der Schüler muss sein Herz von anderen unwichtigen Dingen leeren und sich selber von bestimmten Neigungen und Gelüsten fernhalten, wenn er zu seinem Lehrer geht.[183]

Wie sollen die Eigenschaften eines Lehrers sein?

Er soll geduldig mit der Energie des Schülers umgehen.

Er sollte nicht unnötig reden.

Er soll mildherzig sein.

Er soll ernsthaft und demütig sein.

Er sollte auf übertriebene Witze und Satire verzichten.

Dem Schüler, der Verständnisschwierigkeiten hat, soll er langsam beibringen und den Zurückgebliebenen, soll er mit einer guten Methode erziehen.

Er soll den Schüler vor schädlichem Wissen abhalten.

Er soll beachten, dass sein Schüler das nützliche Wissen für das Wohlgefallen Allahs lernt.

Imam Ghazali sagte:

„Ein Lehrer muss all seine Handlungen dem Weg der Gottesfurcht anpassen und sich zur Rechenschaft ziehen. Denn der

183 Aile Egitimi, S.441-443.

Schüler begutachtet zuerst seine Taten und danach zieht er Nutzen aus seinen Aussagen."

Nach der Ansicht von Imam Ghazali soll der Lehrer seinen Schüler wie sein eigenes Kind betrachten.

Die Behandlung der Untergebenen im Islam

Zu der Zeit des Gesandten Allahs wurden Helfer für Hausarbeiten benutzt, die entweder frei waren und bezahlt wurden oder sie wurden als Sklaven gekauft, was damals gewöhnlich war. Der Gesandte Allahs riet, dass man sie so wie die eigene Familie behandelt:

„Fürchtet Allah für die Sklaven, die ihr euch aneignet. Lasst sie von dem speisen, wovon ihr esst. Kleidet sie mit dem, womit ihr euch kleidet. Setzt sie nicht bei Arbeiten ein, die sie nicht erledigen können.

Behaltet die Sklaven und Sklavinnen, die ihr liebt. Und verkauft die, die ihr nicht liebt. Bestraft nicht die Geschöpfe Allahs. Denn Allah hat sie zu eurem Eigen gemacht. Hätte Allah es gewollt, hätte er euch zu ihrem eigen machen können."[184]

Der Sohn von Omar, Abdullah erzählt:

Es kam jemand zu dem Gesandten Allahs und fragte ihn:

„Oh Gesandter Allahs! Wie viele Fehler sollen wir unseren Bediensteten verzeihen?"

Der Gesandte Allahs gab zuerst keine Antwort und schwieg, danach antwortete er:

„Verzeiht ihnen siebzig Mal am Tag."[185]

184 Ihya-yi Ulum-id Din, Bd.5, S.19.

185 Ihya-yi Ulum-id Din, Bd.5, S.20.

Abu Hurayrah sagte zu jemandem, der auf seinem Kamel war und sein Diener lief ihm hinterher:

„Oh Diener Allahs! Dieser Diener ist dein Bruder. Nimm ihn doch auch mit drauf. Seine Seele ist genau wie deine."

Die Beziehung des Muslims zu seinen Freunden

Imam Ghazali sammelt die Freundschaftsrechte in acht Gruppen:

Das erste Recht ist das Gut. *Hasan Basri* sagte: *„Die Muslime vor uns teilten ihr Handtuch, wenn es nötig war, in zwei und gaben ein Stück ihrem Bruder."*

Der Gesandte Allahs sagte:

„Das Gleichnis zweier Geschwister ist wie der Zustand von zwei Händen. Die eine wäscht die andere."

So wie zwei Hände sich bei einem gleichen Ziel helfen, so unterstützen sich auch Geschwister. Sie teilen Schwierigkeiten und Wohlbefinden.

Das zweite Recht seinem Freund liebend zu helfen, indem man sich bemüht, seine Bedürfnisse zu decken.

Ein Gelehrter sagte:

„Wenn du einen Bruder darum bittest, dass er eine Angelegenheit erledigt und er dies nicht macht, dann erinnere ihn ein zweites Mal daran. Er könnte es vergessen haben. Und wenn er trotz der zweiten Erinnerung diese Angelegenheit nicht erledigt, dann sag Allahu Akbar und lies folgenden Vers:

„...während die Toten ALLAH erweckt." (al Anam, 36)

Stell ihn dir wie einen Toten vor."

Einige der frommen Muslime fragten sogar vierzig Jahre nach dem Ableben ihres Freundes nach der Situation seiner Familie und erledigten ihre Bedürfnisse. So dass die Familienmitglieder sich so fühlten, als wenn nur ihr Vater verstorben sei. Sie sahen sogar Zuwendungen von den Freundes des Vaters, die sie zu der Zeit ihres Vaters nicht sahen.

Das dritte Recht ist bei Notwendigkeit über den Freund zu schweigen und bei passender Gelegenheit zu reden.

Ein Muslim lästert nicht über seinen Freund, streitet sich nicht mit ihm und diskutiert nicht mit ihm. Er erzählt keinem die Geheimnisse seines Freundes weiter. Auch wenn die Freundschaft beendet sein sollte, hütet man weiterhin seine Geheimnisse.

Er sollte sich davor hüten seine Freunde, Familienmitglieder und Kinder zu kritisieren. Und wenn ein anderer seinen Freund kritisiert, so soll er es keinem weiter erzählen.

Aber das er dieses, was andere über ihn sagen vor seinem Freund verheimlicht, ist nicht korrekt. In so einer Situation zu schweigen, entsteht aus Neid.

Ist es notwendig das Gute zu gebieten und das Schlechte zu verwehren, so sollte er sich nicht zurückhalten. Denn in solchen Situation zu reden ist eine Wohltat dem Freund gegenüber. Egal wie der Freund diese Ratschläge äußerlich gegen sich gewendet sieht. Ein Muslim denkt nicht schlecht über seinen Freund und verzeiht ihm seine Fehler.

Das vierte Recht ist, dass man Dinge zu seinen Freunden sagt, die sie zufrieden stellen.

Der Gesandte Allahs sagte:

„Sagt es euren Freunden, wenn ihr sie liebt."

Die Liebe zu äußern vermehrt die Liebe und darum wurde es befohlen.

Es ist eine gewollte Sache des Islam, dass sich Liebe unter den Muslimen entwickelt.

Eine Bedingung der Freundschaft ist auch, dass man seine Freunde mit schönen Namen ruft.

Omar sagte:

„Es gibt drei Eigenschaften. Diese drei Eigenschaften reinigen die Liebe deines Freundes dir gegenüber.

1. *Grüße ihn zuerst, wenn du ihm begegnest.*
2. *Bist du in einer Versammlung und er kommt, dann mache ihm Platz.*
3. *Sprich ihn mit den Namen an, die ihm am meisten gefallen."*

Ein Recht der Freundschaft ist, dass man lehrt und Ratschläge gibt.

Das fünfte Recht ist, dass man die Fehler des Freundes verzeiht.

Dass ein Freund von der Freundschaft ablässt ist entweder wegen einer Sünde, also aus religiösen Gründen oder weil ein Fehler bezüglich der Freundschaft vorgefallen ist.

Beging der Freund eine Sünde, so soll man ihn mit passenden Worten Rastschläge geben, damit er seine Fehler korrigiert.

Was soll man machen, wenn dieser auf seinen Fehlern beharrt?

Die *Ashab* und die *Tabiin* haben bezüglich der Weiterführung oder des Abbruches solch einer Freundschaft verschiedene Ansichten.

Abu Dharr Ghifari sagte:

„Wenn dein Bruder seinen alten Zustand nicht mehr wahrt, dann sei ihm gegenüber für das zornig, für das du ihn liebtest."

Also du liebtest ihn für Allah dann erzürne für Allah, wenn er dem Schlechten verfällt.

Nach *Abu Darda* und einer anderen Gruppe der *Ashab* soll man genau das Gegenteil machen.

Abu Darda wurde gefragt:

„Bist du deinem Freund gegenüber immer noch nicht zornig, obwohl er schlechte Dinge tut?"

Er antwortete:

„Ich kann nur seinen Taten gegenüber zornig sein. Wenn er keine schlechten Taten begeht, so ist er immer noch mein Freund."

Wenn ein Glaubensbruder einem gegenüber einen Fehler begeht, so soll man bei sich selber siebzig verschiedene Entschuldigungen suchen. Und wenn die eigene Triebseele dies nicht akzeptiert, soll man zu ihr sagen: *„Genau das ist deine schlechte Eigenschaft. Dein Bruder entschuldigt sich auf siebzig verschiedene Arten und du erkennst es nicht an."*

Man soll seinen Freund auf normale Art und Weise lieben ohne dabei zu übertreiben. Es könnte sein, dass man ihm gegenüber eines Tages zornig ist.

Man sollte auch nicht übertreiben und jemanden hassen, den man nicht mag. Denn es könnte sein, dass dieser eines Tages sein Freund wird.

Das sechste Recht ist, dass man seinen Freund in der Dua erwähnt.

Ein Muslim macht seine liebsten zu einer Dua für sich selber, seine Familie und für nahe und entfernte Verwandte und Bekannte, unwichtig ob sie leben oder verstorben sind.

Der Gesandte Allahs sagte:

„Wenn jemand für seinen Freund Dua spricht, wenn dieser nicht anwesend ist, entgegnen die Engel dieser Dua mit: So etwas Ähnliches möge auch dir zuteilwerden."

Das siebte Recht ist„ dass man Pflichtbewusstsein und Opferbereitschaft der Freundschaft und Liebe gegenüber besitzt.

Das bedeutet, dass man die Liebe bis zum Tod pflegt.

Das achte Recht ist, dass keine Schwierigkeiten zwischen ihnen bestehen.

Jafar Sadiq sagte:

„Der lästigste und unerträglichste meiner Freunde ist derjenige, der sich für mich in Schwierigkeiten stürzt. Daraufhin ziehe ich mich vor ihm zurück und werde formal. Unter meinen Freunden ist der Leichteste für mein Herz folgender: Bin ich mit ihm zusammen, so fühle ich mich als wäre ich allein."

Von den Freunden sollte man nichts erwarten und man soll sie rechtens behandeln.[186]

Die Auswahl von Freunden

Der Gesandte Allahs sagte:

„Die Person ist auf der Din seines Freundes. Und da dies so ist, dann soll jeder von euch gut überlegen und gut erforschen, mit wem er sich anfreundet."

Es wird uns geraten sehr vorsichtig bei der Auswahl von Freunden zu sein.

Folgende Eigenschaften sollte jemand besitzen, mit dem man eine Freundschaft und Unterhaltung eingehen möchte:

1. Er sollte Verstand besitzen.
2. Er sollte einen guten Charakter besitzen.
3. Er sollte kein Frevler sein.

186 Ihya-yi Ulum-id Din, Bd.4, S.427-490.

4. Er sollte kein Anhänger der *Bidah* sein.
5. Er sollte dem Weltlichen nicht allzu sehr verfallen sein.

Das Testament von *Alqamah al- Attaridi* an seinen Sohn

„Mein Sohn! Wenn du den Bedarf nach einer Unterhaltung mit Männern hast, dann befreunde dich mit jemandem, der dich schützt, wenn du ihm Dienste leistest.

Er soll dich verzieren, wenn du mit ihm eine Freundschaft eingehst.

Wenn du Unterhaltsschwierigkeiten hast, soll er dir helfen.

Gehe eine Freundschaft mit jemand ein, der der gestreckten Hand behilflich ist, wenn du ihm deine Hand im Guten reichst.

Ein guter Freund ist jemand, der das Gute von dir anrechnet, deine Fehler verzeiht und dir hilft, wenn du etwas von ihm möchtest.

Und wenn du schweigst, so mag er dich.

Wenn du eine Prüfung durchlebt hast, so hilft er dir deine Probleme zu beseitigen.

Wenn du redest, erkennt er deine Worte an, mit der Bedingung, dass sie der Wahrheit entsprechen. Wenn ihr beide das Gleiche begehrt, so gibt er dir den Vorrang.

Wenn ihr beide bezüglich einer Sache auf dem Recht beharrt, so zieht er dich sich selber vor.“[187]

Die Brüderlichkeit unter Muslimen

Mit dieser Brüderlichkeit wird der Herzens- und Seelenbund der Muslime, die durch den Glaubensbund verbunden werden, beabsichtigt. Aus diesem Grund erklärt der Islam den Muslimen ihre gegenseitigen Rechte und Pflichten.

187 Ihya-yi Ulum-id Din, Bd.4, S.416-420.

Ein Muslim hat gegenüber einem Muslim Rechte. Diese sind ihn zu begrüßen, wenn man ihm begegnet, seiner Einladung Folge zu leisten, ihm Ratschläge geben, wenn er um Ratschläge bittet, YarhamukAllah zu sagen, wenn er niest, nach ihm zu fragen, wenn er krank wird, nach seinem Tod an seiner Beerdigung teilzunehmen.[188]

Wer eine weltliche Schwierigkeit eines Muslims beseitigt, dem wird Allah im Jenseits eine Schwierigkeit beseitigen. Wer einem Verschuldeten, der nicht zahlungsfähig ist, seine Schulden erleichtert, dessen Angelegenheiten wird Allah im Diesseits und im Jenseits erleichtern. Wer die Fehler eines Muslims verdeckt, dessen Fehler wird Allah im Jenseits bedecken. Hilft ein Diener seinem Glaubensbruder, solange hilft Allah ihm auch.[189]

Man soll nicht länger als drei Tage mit jemandem Verstritten sein.

„Es ist nicht erlaubt, dass ein Muslim länger als drei Tage auf jemanden beleidigt ist. Nach drei Tagen soll er ihn aufsuchen und grüßen. Nimmt diese Person den Gruß an, so wird beiden eine Belohnung zugeschrieben Nimmt er den Gruß an, so ist der Grüßende von der Sünde des Beleidigt sein befreit."

Man sollte jeden seinem Niveau entsprechend behandeln.

Nach einer Überlieferung trat der Gesandte Allahs in ein Haus ein. Nach ihm kam seine *Ashab* und füllte das Haus. Zuletzt kam *Jurayr bin Abdullah al-Bujali*. Er fand jedoch keinen freien Platz. Der Gesandte Allahs sah dies, faltete seinen Mantel, warf ihn zu *Jurayr* und sagte:

„Setz dich auf diesen Mantel!"

Jurayr war verwundert, nahm den Mantel und hielt sich den Mantel ins Gesicht. Er küsste ihn und weinte dabei. Danach faltete er den Mantel, gab sie dem Gesandten Allahs und sagte:

188 Buhari, Cenaiz.

189 Ebu Davud, Edeb.

„Ich kann mich nicht auf deine Kleidung setzen. Da du mich beschenkt hast, möge Allah dich auch beschenken!"

Der Gesandte Allahs schaute sich um und sagte:

„Oh meine Ashab! Wenn irgendein Führer eines Volkes zu euch kommt, dann bewirtet ihn!"

Bei passenden Gelegenheiten sollte man versuchen zerstrittene Muslime wieder zu vertragen.

Muslime wieder zu vereinen, ist eine sehr tugendhafte Tat.

Es gibt keine höheren Almosen, als die Almosen der Zunge.

Durch die Almosen der Zunge, also durch Fürsprache, wird Blutvergießen verhindert. Durch sie wird einem Muslim genutzt und von einem anderen wird Schaden abgewandt.

Die Ehre, die Person, das Gut des Glaubensbruders soll er so gut wie möglich vor der Ungerechtigkeit anderer schützen.

Er soll mit ihm zusammen stehen, kämpfen und helfen, wenn ihn Schwierigkeiten treffen. Dies ist eine Pflicht, die ein Erfordernis der Brüderlichkeit ist.[190]

Die Waisenrechte

Das Gut der Waisen soll bis zu ihrer Pubertät gut verwaltet und ihnen dann übergeben werden.

Allah gebietet im Quran:

***„Und gebt den Waisen ihr Vermögen, tauscht nicht das Schlechte gegen das Gute ein, und nehmt nicht ihr Vermögen zu eurem Vermögen! Gewiss, dies wäre eine schwere Verfehlung."* (An Nisa, 2)**

---

190 Ihya-yi Ulum-id Din, Bd., S.520-546.

Waise bedeutet linguistisch alleine zu bleiben. Islamisch bedeutet es ein Kind, welches die Pubertät nicht erreicht hat und dessen Vater verstorben ist.

Der Gesandte Allahs sagte:

„Wer aus Barmherzigkeit heraus seine Hand auf den Kopf eines Weisen legt, bekommt so viele gute Taten gutgeschrieben wie seine Hand Haare berührt.“ [191]

Es ist verboten das Gut des Waisen zu Unrecht zu verzehren. Es sei denn, der gesetzliche Vormund ist bedürftig und kann seinen Lebensunterhalt nicht bestreiten oder im Testament wurde festgelegt, dass der Vormund eine Bezahlung bekommt, dann ist es erlaubt.

Zum Beispiel ein armer Vater darf einen bestimmten Satz von dem Gut des Sohnes, welches er von seiner Mutter geerbt hat, nehmen ohne dabei verschwenderisch zu sein.[192]

So wie *Ibn Abbas* überlieferte, muss der Vormund, wenn er reich wird, das Genommene dem Waisen zurückerstatten. Wird er nicht reich, braucht er es nicht zurück zuzahlen.[193]

Die Dienerrechte

„Am Tag der Auferstehung wird jemand mit Bergen voller guten Taten zu Allah gebracht. Würden diese guten Taten bei ihm bleiben, würde er zweifellos ins Paradies eintreten. Zwischenzeitlich kommen auch diejenigen dorthin, denen er unrecht tat und dessen Rechte er verletzte. Diese Person beschimpfte auf der Welt die Familie von jemand, er nahm

191 Ihya-yi Ulum-id Din, Bd.4, S.558.

192 Kuran-i Kerim'in Türkce Meali, Bd.2, S.559.

193 Kuran-i Kerim'in Türkce Meali, Bd.4, S.1871.

zu Unrecht das Gut von anderen, er peinigte andere und bereitete ihnen Mühen. Seine guten Taten werden denjenigen gegeben, dessen Rechte er verletzte. So, dass er ohne gute Taten dasteht. Die Engel sagen: „ Ya Rabb! Die guten Taten dieser Person sind durch Vergeltung ausgegangen. Es sind nur noch wenige, denen er gegenüber Rechte hat.“ Allah befiehlt ihnen: „Gebt ihnen die Sünden derer, dessen Rechte er verletzte und schreibt ihn als Höllenbewohner auf.“ Diese Person geht in die Hölle. Und der, dem Unrecht geschah, bekommt die Gegenleistung für das Unrecht, welches ihm widerfahren ist und wird errettet durch die guten Taten dessen, der ihm Unrecht tat.“[194]

Am Tag der Auferstehung werden die Rechte so vergolten werden, dass sogar ein Schaf ohne Hörner, welches von einem Schaf mit Hörnern gerammt wurde, sein Recht bekommen wird.

Mit verletzten Dienerrechten sollte man nicht ins Jenseits gehen

Imam Rabbani schrieb *Han-i Hanan*, ein Statthalter aus Indien, einen Brief:

„Hat jemand Dienerrechte verletzt, so muss er als Reue direkt sein Recht ausgleichen, ihn um Verzeihung bitten, ihm Gutes tun und Dua machen. Ist derjenige verstorben, so spricht er Dua für ihn und bittet für ihn um Vergebung, und gibt seinen Kindern und Erben das Recht zurück und tut ihnen Gutes. Sind seine Kinder und Erben unbekannt, so gibt er dem Recht entsprechend Geld an Arme und Bedürftige und die Belohnung schenkt er dem, dessen Recht er verletzte.“

Abdullah Ibn Mubarak sagte:

„Es ist belohnungsvoller einen verbotenen Pfennig an seinen Besitzer zurückzugeben, als hundert Pfennig Almosen zu geben.“

194 Günyetü't-Talibin, S.198.

In dem 32. Paragraphen des Werkes *„Majallah"* steht: *„Sich in Bedürftigkeit zu befinden, hebt das Recht des anderen nicht auf."* Wer kurz vorm Sterben ist, kann so viel von dem Gut eines anderen essen, damit er überlebt, aber später muss er den Wert oder das Gleiche an den Besitzer zurückgeben.

Uthman zog einmal die Ohren seines Sklaven, wegen einer Schuld. Später ließ er den Sklaven an seinem Ohr ziehen aus Furcht davor, dass er seinen Sklaven vielleicht zu sehr bestrafte und dieser im Jenseits als Vergeltung an seinem Ohr ziehen wird. Große Persönlichkeiten gehen so feinfühlig mit den Dienerrechten um.

Die Rechte der Nichtmuslime

Am Tag der Versammlung sind die Rechte der Nichtmuslime, die Rechte die am schwierigsten zu begleichen sind. Denn gibt man dem Nichtmuslim Belohnungen, so nützen sie ihm nichts. Und die Sünde des Kufr kann man einem Muslim nicht auferlegen. Wenn Allah den Verschuldeten Muslim liebt, stellt er den Kafir zufrieden, indem er seine Bestrafung mildert und rettet so den Muslim.

Die Behandlung von Tieren

Keiner kann sich am Tag der Versammlung von den Tierrechten retten. Aus diesem Grund bestraft zu werden, ist unausweichlich. Hat jemand Tierrechte verletzt, so soll er vor seinem Tod bereuen und Gutes tun. Er soll viel weinen und seinen Herrn anflehen.

Man soll seiner Familie und seinen Nachkommen raten, Tiere gut zu behandeln. Das Stolpern oder Hinfallen des Tieres ist keine Schuld. Sein Ausschlagen, Ausbrechen, Schlagen mit Hörnern und Abhauen sind eine Schuld. Ist das Tier schuldig, kann man es leicht hauen, aber nichts ins Gesicht oder auf den Kopf. Ohne Grund darf man Tiere nicht zähmen. Wer Tiere besitzt, muss seine Bedürfnissen decken und es versorgen. Man darf sie nicht hungern oder dursten lassen.

Wer Tiere nicht beaufsichtigen kann, wie es sein sollte, sollte sich keine Tiere anschaffen.

Es ist nicht erlaubt so viel Milch zu melken, dass das Kalb dadurch geschädigt wird.

Dass Kinder sich an Vögeln und anderen kleinen Tieren vergreifen, darf man nicht dulden. Hat er einen Vogel gefangen, gibt man dem Kind etwas und lässt den Vogel frei. Es ist eine Sünde ein Tier zu überladen und es lange laufen zu lassen. Hält man ein Tier an, soll man absteigen.

Es ist verboten die Hörner, Ohren und Schwänze von Tieren abzuschneiden. Die Tiere soll man an ihrem Halfter/ihrer Leine ziehen. Tiere zu beschimpfen, ist nicht erlaubt.[195]

Im Quran heißt es bezüglich der Tiere:

„Es gibt weder ein sich (auf Erden) bewegendes Lebewesen, noch einen Vogel, welcher mit beiden eigenen Flügeln fliegt, die nicht Umam euresgleichen sind." (Al Anam, 38)

Ein Muslim ist auch Tieren gegenüber wohltätig

Die Ashab fragte:

„Oh Gesandter Allahs! Bekommen wir auch Belohnung für gute Taten gegenüber Tieren?"

195 Amentü Serhi, S.220.

Der Gesandte Allahs antwortete:

„Für jedes Lebewesen gibt es zwei Belohnungen."

So wie es von Abdullah bin Omar überliefert wird, sagte der Gesandte Allahs:

„Eine Frau wurde zu den Höllenbewohnern, weil sie ihre Katze einschloss und diese vor Hunger und Durst starb." Allah weiß es besser, aber ihr wurde ihre Strafe von Seiten Allahs bekannt gegeben: „Oh Weib! Du hast dieses Tier eingesperrt, nicht gefüttert und ihr kein Wasser gegeben und du hast sie auch nicht frei gelassen, damit sie ihre bestimmte Versorgung suchen kann!"[196]

Jeder wird am Tag der Versammlung die Gegenleistung für die guten und schlechten Taten gegenüber Tieren bekommen.

Genau das ist ein Mensch

Die menschliche Persönlichkeit, die der Islam formt, ist ein Ergebnis dieser charakterlichen Tugenden, die wir erläuterten. Diese Tugenden sind Quellen und Flüsse, die den Mensch versorgen.

In der muslimischen Persönlichkeit sind der Verstand, der Geist und das Herz durch das göttliche Licht des Islam erhellt. Der Mensch wird durch seinen edlen Charakter erhoben. Ein Muslim ist ein außergewöhnliches Wesen.

196 Müslüman Sahsiyeti, S.169.

Oh Herr! Lass uns nicht irregehen, nachdem Du uns rechtgeleitet hast! Lass uns Deinen Segen zuteilwerden! Nur Du bist es, der in Fülle vergibt!

Gepriesen sei Allah, der Herr der Welten!

Allahs Heil sei auf all seinen Propheten!